Josef Schöchl

Lebensmittelgeschichte[n]

schmackhaft · wissenswert · kurios

Josef Schöchl

Lebensmittel Geschichte[n]

schmackhaft · wissenswert · kurios

VERLAG ANTON PUSTET

impressum

Bibliografische Information der Deutschen Nationalbibliothek
Die Deutsche Nationalbibliothek verzeichnet diese Publikation in der Deutschen Nationalbibliografie; detaillierte bibliografische Daten sind im Internet über http://dnb.d-nb.de abrufbar.

Grafik, Satz und Produktion: Tanja Kühnel
Lektorat: Martina Schneider
Druck: Druckerei Theiss, St. Stefan im Lavanttal
Gedruckt in Österreich

Bilder verwendet mit Genehmigung von Shutterstock.com
S. 80: Leo Jindrak, S. 120: © Hotel Sacher Wien

ISBN 978-3-7025-0703-9

www.pustet.at

[Inhaltsverzeichnis]

[INHALTSVERZEICHNIS]

Lebensmittel geschichte[n]

Anis zählt zu den ältesten Gewürzen der Welt und stammt ursprünglich aus dem östlichen Mittelmeerraum. Bereits vor 3500 Jahren wurde der „süße Kümmel", wie der Anis auch genannt wird, in Ägypten als Gewürz und Heilmittel verwendet.

Bei den Römern war Aniskuchen als Nachtisch sehr beliebt. Vom lateinischen „anisum" leitet sich auch der Name ab. Anis breitete sich im Mittelalter über das gesamte Mittelmeergebiet aus, und sogar bis nach Nordeuropa bauten Mönche Anis an. Gerne aß man zur Verdauungsförderung seine kandierten Samen.

Anis gehört wie Dill oder Kümmel zu den Doldenblütlern. Aus den kleinen, weißen Blüten entwickeln sich die eiförmigen Samen, die durch ihre ätherischen Öle sehr aromatisch sind. Das einjährige Kraut wird etwa einen halben Meter hoch und blüht von Juli bis September.

Dem Anis zwar geschmacklich ähnlich, aber botanisch nicht verwandt ist der Sternanis. Er ist die Frucht eines in China heimischen immergrünen Magnolienbaumes. Bei uns wird der Sternanis vor allem als Backgewürz verwendet. Er findet in der Küche vielseitig Verwendung und hat besonders in der Weihnachtsbäckerei Hochsaison. In den Ländern rund um das Mittelmeer wird er zu Spirituosen verarbeitet, wie in der Türkei zu Raki, in Griechenland zu Ouzo, in Frankreich zu Pastis, in Italien zu Sambuca, in Bulgarien zu Mastika oder im Libanon und in Syrien zu Arak. Eine Gemeinsamkeit aller Anisschnäpse ist der „Louche-Effekt", abgeleitet vom französischen Wort „louche" für „undurchsichtig". Bei einer Verdünnung mit Wasser oder einer starken Abkühlung der klaren Spirituosen, werden sie milchig weiß. Das liegt daran, dass die in den Anisschnäpsen enthaltenen ätherischen Öle sich zwar in Alkohol, nicht aber in Wasser lösen und somit sichtbar werden.

Raki wird jedenfalls seit dem 15. Jahrhundert gebrannt und hat sich vom Osmanischen Reich aus im Mittelmeerraum verbreitet. Neben Anis werden diesen Getränken noch andere Aromen beigefügt, wie etwa beim Pastis und Sambuca Süßholz.

Anisbögen

5 Eier
200 g Zucker
130 g glattes Mehl
Anis (ganze Samen)
Backpapier
oder Backmatte

Für dieses klassische Weihnachtsgebäck Eier und Zucker dickschaumig schlagen und vorsichtig das Mehl einmischen. Auf einem mit Backpapier oder einer Silikonmatte bedeckten Backblech sehr dünne Scheiben von 4–5 cm Durchmesser aufstreichen, mit Anis bestreuen und 5–8 Minuten goldbraun backen. Noch warm vom Papier lösen und über einen Kochlöffelstiel biegen.

[Béchamelsoße]

Wer wüsste heute noch um Louis de Béchamel, einen Haushofmeister des französischen Königs, wenn sein Name nicht täglich in den Küchen genannt würde.

Die Béchamelsoße ist in Abwandlungen Bestandteil zahlloser Rezepte und somit als „Grundsoße" wesentlich für die „weißen Soßen".

Wie häufig bei der Küchengeschichte vermischen sich auch bei der Béchamelsoße historische Fakten mit nur wenig belegbaren Geschichten und Anekdoten.

Der französische König Ludwig XIV. (1638–1715) war ein großer Feinschmecker. Für den Sonnenkönig hatte gutes Essen so große Bedeutung, dass er Köche sogar in den Offiziersrang erhob. Die Mahlzeiten hatten immer regelrechten Zeremoniencharakter.

Für die Küche am königlichen Hof war der Haushofmeister verantwortlich. Dieses Amt hatte Louis de Béchamel, Marquis de Nointel (1630–1703), inne. Er war ein Geldgeber des Königs und dürfte zur Anerkennung diese zentrale Position am Königshof erhalten haben. Ihm wird die Kreation der Soße zugeschrieben. Der wahre Erfinder wird aber wahrscheinlich eher einer seiner Köche gewesen sein, der die Soße zu Ehren des Haushofmeisters so benannte.

Louis de Béchamel hat unter dem Pseudonym „Le Bas" ein in Versen verfasstes Kochbuch herausgegeben.

Man suchte damals auch gerne in antiken Quellen nach Rezepten. Béchamel soll immer wieder Werke der Kochkunst erworben und seinen Köchen übergeben haben. Dabei fand sich eine alte Methode wieder, Suppen dickflüssiger zu machen, woraus durch Variation viel älterer Vorgängerrezepte die Béchamelsoße entwickelt wurde und in ihrer heutigen Form in Mode kam.

Ob es sich wirklich genauso zugetragen hat, wird man wohl nie mehr erfahren. Sicher ist aber, dass die Béchameloße aus der heutigen Küche nicht mehr wegzudenken ist und so die Erinnerung an den Haushofmeister wachhält.

Béchamel

40 g Mehl
40 g Butter
500 ml Milch
etwas Muskat
Weißer Pfeffer
Salz

Die Butter in einem Topf schmelzen lassen und das Mehl einrühren. Mit der Milch aufgießen und langsam köcheln lassen, bis die gewünschte Konsistenz erreicht ist.

» muskatnuss

Erfunden wurde der „Bellini-Cocktail“ in Venedig im Jahr 1949 durch den Gründer von „Harry's Bar“ Giuseppe Cipriani. Er verarbeitete das Fruchtfleisch weißer Pfirsiche zu einem feinen Püree und fügte Prosecco hinzu. Die perfekte Mischung erreichte er, indem er zuerst das Pfirsichmus in den Sektkelch gab und dann mit Prosecco im Verhältnis 1:3 aufgoss.
Seinem Drink gab er den Namen „Bellini“, nach dem in Venedig um 1430 geborenen und ebenfalls in Venedig 1516 verstorbenen Giovanni Bellini. Dieser war einer der bedeutendsten Meister venezianischer Malerei der Renaissance. Der „Bellini-Cocktail“ wurde von Cipriani während einer großen Kunstausstellung erfunden, die Giovanni Bellini gewidmet war. Die Farbe des Pfirsichcocktails erinnerte an die rosa Farbe, die auch häufig auf den Werken des Meisters zu sehen war. Daher ehrte Cipriani den großen Bellini mit der Benennung seiner neuen Cocktailkreation. Einige Jahre später setzte Cipriani einem weiteren Maler der Renaissance ein kulinarisches Denkmal, nämlich Vittore Carpaccio, einem Schüler Bellinis (siehe Seite 29).

„Harry's Bar“ ist auch heute noch ein Treffpunkt für Besucher aus aller Welt. Das Lokal liegt direkt am Canale Grande in der Calle Vallaresso Nr. 1323. Seine Bar verdankte Giuseppe Cipriani einem seiner Stammgäste im venezianischen Hotel Monaco, wo er als Barkeeper arbeitete. Harry Pickering, ein trinkfreudiger Amerikaner, hatte sein ganzes Geld durchgebracht und musste sich von Cipriani das Geld für die Heimfahrt leihen. Der junge Barmixer lieh ihm dafür seine gesamten Ersparnisse. Harry Pickering zahlte seine Schulden mit enormen Zinsen zurück. Damit konnte Cipriani am 13. Mai 1931 „Harry's Bar“ eröffnen, die er nach seinem Gönner Harry Pickering benannte. Das Lokal wurde ein großer Erfolg und unzählige Gäste aus der High Society trugen sich im Lauf der Jahre in das Gästebuch ein, darunter Ernest Hemingway, Peggy Guggenheim und Orson Welles.

Bellini

5 frische, weiße Pfirsiche
10 g Zucker
6 cl Amaretto

Pfirsiche klein schneiden. Zucker in einem Topf zu Karamell schmelzen und mit dem Amaretto ablöschen. Die Pfirsichstückchen dazugeben und bei geringer Hitze weichdünsten. Mit dem Pürierstab zu einem Mus zerkleinern und auskühlen lassen. Das Pfirsichmark in ein Sektglas geben und mit eiskaltem Sekt oder Champagner aufgießen.

[Birchermüesli]

Das Müesli erfand der Schweizer Arzt und Ernährungswissenschaftler Maximilian Oskar Bircher-Brenner (1867–1939), der Anhänger einer ganzheitlichen Medizin und Ernährungslehre war. 1904 eröffnete er auf dem Zürichberg das Sanatorium „Lebendige Kraft". Zentraler Bestandteil der in seinem Sanatorium verwendeten Ernährung war ein „Mus", das in der Schweizerdeutschen Verkleinerungsform als „Müesli", also „kleines Mus", bezeichnet wurde.

Das originale Birchermüesli von 1904 ist entgegen einer weit verbreiteten Annahme keine Getreide-, sondern eine Obstspeise. Äpfel, gerieben mit Schale, Stiel und Gehäuse, sind der Hauptbestandteil. Haferflocken und Haselnüsse sind nur Zutaten am Rande. Daher bezeichnete Bircher-Brenner sein Müesli auch als „Apfeldiätspeise", im Schweizerdeutschen abgekürzt als „d'Spys". Das Müesli sollte Frühstück, Abendessen und das erste Gericht des Mittagsmahles sein, so Bircher-Brenner, keinesfalls nur ein Nachtisch oder Imbiss. Dazu empfahl der Pionier der Rohkosternährung langsames und sorgfältiges Kauen, positives Denken und viel Bewegung an der frischen Luft.

Inspirieren ließ sich Bircher-Brenner von den Hirten, die sich auf den Schweizer Almen auch von gemahlenem Korn, Obst, Milch und zerkleinerten Nüssen ernährten. Die Patienten nahmen Birchers Dienste in großer Zahl in Anspruch. Auch viele berühmte Personen unterzogen sich in seinem Sanatorium einer strengen Kur, wobei die Ernährung vor allem aus Müesli bestand. So auch der Schriftsteller Thomas Mann, der das Sanatorium in einem Brief als „hygienisches Zuchthaus" bezeichnete und sich hier für seinen berühmten Roman „Der Zauberberg" Ideen holte.

Ihre zunächst eher geringe Verbreitung fand „d'Spys" meist nur durch die „Reformhausbewegung" und Rezeptbücher. Erst seit der 1968er-Jahre gehörte das Müesli zum alternativen, ökologischen Lebensstil unbedingt dazu und wurde als Leitlebensmittel der Umweltbewegung weltweit bekannt.

Birchermüesli

125 ml Milch
125 g Joghurt
65 ml Schlagobers
2 EL Rosinen
80 g Müesli (Birchermüesli)
20 g Haferflocken
1 Banane
1 Apfel

Alle Zutaten außer Banane und Apfel vermengen und über Nacht kaltstellen. Am nächsten Tag den Apfel schälen und grob reiben. Die Banane in feine Scheiben schneiden und unter das Müesli mischen.

Tipp: Je nach Geschmack kann man das Müesli mit Zimt, Honig und geriebenen Nüssen aufwerten.

Woher der Bismarckhering seinen Namen hat, liegt auf der Hand. Warum aber ausgerechnet Fürst Otto von Bismarck, der erste deutsche Reichskanzler, als Namensstifter diente, erklärt folgende Geschichte.

Der Stralsunder Kaufmann Johann Wiechmann stellte mit seiner Gattin Karoline eine besondere Spezialität her. Frische, entgrätete Heringe aus der Ostsee wurden in einem sauren Aufguss eingelegt, auf diese Weise haltbar gemacht und in kleinen Holzfässern versandt. Dieser Kaufmann war es auch, der mit seiner Konservenfabrik die Fischindustrie an der deutschen Ostseeküste begründete. Johann Wiechmann schätzte Otto von Bismarck sehr und schickte ihm zu seinem Geburtstag ein Holzfässchen mit Heringen. Der Reichskanzler bedankte sich in einem persönlichen Schreiben, worauf ihn der Kaufmann bat, den eingelegten Hering als „Bismarckhering" bezeichnen und handeln zu dürfen. Otto von Bismarck gab dazu seine Einwilligung. Daher trägt der eingelegte Hering seit 1871 seinen heutigen Namen. Die Nachfolger von Johann Wiechmann versenden auch heute noch Stralsunder Bismarckheringe in kleinen Holzfässchen.

Bismarckheringe sind in Essig kalt marinierte, entgrätete, kopflose und ausgenommene Heringe. Der Hering war zu Bismarcks Zeiten sehr billig und galt als Essen der armen Leute. Trotzdem oder gerade deswegen soll Bismarck anlässlich einer Ernährungsdebatte im Deutschen Reichstag den Hering als besondere Delikatesse hervorgehoben haben.

Otto von Bismarck wurde 1815 in Schönhausen an der Elbe geboren. Nach einem Studium der Rechte in Berlin trat er in den Preußischen Staatsdienst ein. Schließlich war er 1871 bis 1890 deutscher Kanzler. Bismarck legte großen Wert auf gutes und vor allem reichliches Essen. Seine Popularität im Alter und seine Leidenschaft für das Essen brachten es mit sich, dass auch andere Speisen seinen Namen tragen, wie etwa eine Zubereitungsvariante von Seezungenfilets.

Bismarckhering nach Hausfrauenart

- 4 Heringsfilets
- 200 g Mayonnaise
- 100 g Joghurt
- 100 g Sauerrahm
- 1 rote Zwiebel
- 1 säuerlicher Apfel (Granny Smith)
- 2 eingelegte Senfgurken
- Salz, Pfeffer, Zucker
- Kapernbeeren zum Garnieren

Die Heringsfilets in drei Teile schneiden. Die Zwiebel, die Senfgurken und den Apfel vierteln, das Kerngehäuse entfernen und alles feinblättrig schneiden. Mit Mayonnaise, Joghurt und Sauerrahm vermengen und mit Salz, Pfeffer und Zucker abschmecken.
Je nach Geschmack mit ein paar Kapernbeeren garnieren. Besonders gut als Beilage dazu schmecken warme Salzkartoffeln.

» mayonnaise » pfeffer

[Bitterorangenmarmelade]

In der andalusischen Hauptstadt Sevilla säumen tausende Pomeranzen- bzw. Bitterorangenbäume die Straßenränder. Deren Früchte sind den Orangen ähnlich, schmecken aber bitter. Die reifen Pomeranzen, die von Jänner bis Februar geerntet werden, haben eine leuchtend orange Schale, die aber wesentlich dicker und unebener ist als die der Orange. Auf Englisch heißt die Bitterorange nach der Stadt Sevilla sogar „Seville orange".

Bereits im 9. Jahrhundert brachten die Mauren Bitterorangen auf die iberische Halbinsel. Seither werden sie angepflanzt. Die Süßorangen kamen erst einige Jahrhunderte später nach Europa.

Ende des 18. Jahrhunderts war ein spanisches Handelsschiff aus der Region Sevilla durch das Wetter gezwungen, den Hafen der schottischen Stadt Dundee anzulaufen. Die an Bord befindlichen überreifen Bitterorangen kaufte der Händler James Keiller um nur wenig Geld. Seine Frau Janet kochte die Zitrusfrüchte klein gehackt mit sehr viel Zucker ein. Damit war die heute weltweit bekannte Bitterorangenmarmelade geboren. Der Händler und seine Frau verkauften sie in ihrem Süßwarenladen zusammen mit anderen Marmeladen, die „Jam" genannt wurden. Die starke Nachfrage machte bald eine automatisierte Produktion der Bitterorangenmarmelade notwendig. Schließlich gründete die Familie Keiller 1797 bei Dundee die erste Marmeladenmanufaktur der Welt.

Pomeranzen werden als frische Früchte bei uns wahrscheinlich aufgrund ihres Geschmacks nur selten in den Geschäften angeboten, wohl aber ihre Produkte. Die an ätherischen Ölen sehr reiche Schale wird für englische Orangenmarmelade und Orangeat verwendet. Zum Einsatz kommt die Schale ebenfalls bei der Herstellung unterschiedlicher aromatischer Liköre wie bei dem seit 1875 destillierten Cointreau, dem 1880 entwickelten Grand Marnier, aber auch bei dem zur farblichen Gestaltung von Mixgetränken heute unverzichtbaren Blue Curaçao. Schließlich werden wichtige Duftbausteine für die Parfumherstellung aus Schale, Blüte und Blättern gewonnen.

Die Blutwurst gehört zu den ältesten bekannten Fleischerzeugnissen, und sie ist die älteste bekannte Wurstsorte überhaupt. Bereits in der Antike wurden „Ziegenmägen mit Fett und Blut gefüllt", wie es Homer in seiner „Odyssee" im 18. Gesang beschreibt. Nicht viel anders wird die moderne Blutwurst produziert.

Die Zusammensetzung ist wie die aller anderen Wurstsorten im Österreichischen Lebensmittelbuch genau festgelegt, wobei zwischen „Schnittblutwurst" und „Bratblutwurst" unterschieden wird. So muss die kalt gegessene „Schnittblutwurst" mindestens 30 Teile Schweinekopffleisch mit Schwarten sowie Speck enthalten, und es dürfen höchstens 70 Teile Blut und Brühe beigegeben werden. Die Blutwurst wird erhitzt, sodass das Bluteiweiß gerinnt und die typische rotbraune Farbe entsteht. Beim Abkühlen verfestigt sich zusätzlich die Gelatine aus der Schwarte und macht die Wurst schnittfest.

Da Blutwurst ein Nebenprodukt beim Schlachten ist, war sie immer eine Speise für das gemeine Volk und spielt weltweit auch heute noch in vielen regionalen Küchen eine große Rolle. So etwa das österreichische „Blunzngröstl" mit angerösteten Erdäpfeln, der mit Hafer angereicherte britische „black pudding", der gebraten zum englischen Frühstück gehört, die mit Reis zubereitete spanische „Morcilla" und französische „boudins".

Die französische Gemeinde Mortagne-au-Perche in der Normandie ist die „Hauptstadt der Boudin Noir" – der schwarzen Blutwurst. 1962 gründeten Bürger dieses kleinen Ortes eine Bruderschaft zur Förderung des Ansehens der Blutwurst. Heute ist die „Confrérie des Chevaliers du Goûte Boudin" eine anerkannte Gourmetorganisation. Mitte März findet dort jedes Jahr die Blutwurstweltmeisterschaft statt, an der jeweils mehrere Hundert Blutwurstproduzenten aus aller Welt teilnehmen. Es ist der größte und international bedeutendste Wettbewerb der Blutwurstmetzger, veranstaltet von der „Bruderschaft der Blutwurst-Ritter".

Blutwurst-Ravioli

2 Blutwürste
600 g fertiges
Sauerkraut ca. 300 g
Nudelteig (Seite 97)

Die Haut von den Blutwürsten abziehen und die Wurst fein hacken oder durch einen Fleischwolf drehen. Aus der gehackten Blutwurst haselnussgroße Kugeln formen.

Dann den Nudelteig dünn ausrollen. Die Blutwurstkügelchen mit Abstand auflegen, mit einer weiteren Nudelplatte bedecken, die Ränder gut andrücken und Ravioli ausstechen. In kochendem Wasser sieden, bis die Ravioli von selbst an der Oberfläche schwimmen. Aus dem Sauerkraut ein Nest in die Mitte des Tellers setzen und die Ravioli darauf anrichten.

» Nudeln

Das Geschlecht der Stroganoffs war mehrere Jahrhunderte eines der reichsten und politisch einflussreichsten in Russland. Immer bekleideten Vertreter dieser Familie höchste Staatsämter am Zarenhof. Die Stroganoffs stammten ursprünglich aus Nowograd, südlich von Petersburg, wo sie als Händler tätig waren. Gegen Ende des 15. Jahrhunderts zogen sie an den Ural, das Grenzgebirge zwischen Europa und Asien. Mit der Gewinnung von Salz machten sie ein riesiges Vermögen. Im Jahr 1558 erhielten die Stroganoffs von Zar Iwan IV., auch „der Schreckliche“ genannt, große Ländereien und sogar das Recht, eine eigene Armee zu führen und Festungen zu bauen. Vom Ural aus leiteten sie gegen Ende des 16. Jahrhunderts die Eroberung und Erschließung Sibiriens ein und erreichten 1639 die Pazifikküste. Der Familienbesitz umfasste schließlich etwa 36 Millionen Hektar Land.

Das Bœuf Stroganoff soll im eisigen Sibirien entstanden sein. Vom durch den Dauerfrost festgefrorenen Fleisch konnte der Koch der Stroganoffs nur die Filetspitzen und dünne Scheiben herunterschneiden. Aber gemeinsam mit Zwiebeln und Pilzen gekocht, wurde so eine kulinarische Spezialität geschaffen, die sich heute auf Speisekarten in der ganzen Welt findet.

Das Gericht könnte aber auch unter wesentlich weniger unwirtlichen Umständen entstanden sein. Ende des 19. Jahrhunderts fand in Sankt Petersburg ein Kochwettbewerb statt, aus dem die Kreation als Sieger hervorgegangen sein soll.

Der russische Adel orientierte sich in Kultur- und Lebensweise stark an Frankreich. So hatte man damals in den Adelshäusern grundsätzlich französische Köche. Es war üblich, dass ein neues Gericht den Namen des Dienstgebers erhielt. Welches Mitglied der Familie dem Gericht Pate stand, lässt sich nicht mehr nachweisen. So hält der Name dieses Klassikers der internationalen Gastronomie die Erinnerung an eine ganze, sonst zumindest im Westen vergessene Dynastie wach.

Bœuf Stroganoff

600 g Rinderfilet
250 g Champignons
1 rote Zwiebel
1 Knoblauchzehe
250 ml Rinderjus
Salz, Pfeffer
Mehl zum Stauben
10 Essiggurkerl
und etwas Crème fraîche zum Verfeinern

Das Filet in Streifen schneiden, Zwiebel vierteln und blättrig schneiden, Knoblauch fein schneiden und die Champignons vierteln. Die Essiggurkerl in feine Streifen schneiden.

Zwiebeln, Knoblauch und Champignons anschwitzen, dann mit Mehl stauben. Mit Jus ablöschen und etwas einreduzieren lassen.

Die Filetstreifen würzen und in einer Pfanne scharf anbraten. Die Soße darübergießen. Zum Servieren mit den Essiggurkerln und Crème fraîche garnieren. Als Beilage eignen sich Reis, Nudeln oder Eiernockerl.

» Knoblauch » Nudeln

Cantuccini und Vin Santo – dieses Paar ist typisch für das kulinarische Italien.

Cantuccini sind ein traditionelles Mandelgebäck aus der toskanischen Stadt Prato, die nur wenige Kilometer von Florenz entfernt liegt. Das Rezept geht auf den Bäckermeister Antonio Mattei zurück, der im Jahr 1858 in dieser Stadt sein Geschäft gründete und mit der Herstellung des auch „Biscotti di Prato" genannten Gebäcks begann. Inzwischen führt das Geschäft schon seit mehreren Generationen die Familie Pandolfini. Der Firmenname „Biscottificio Antonio Mattei" blieb im Andenken an den Gründer jedoch erhalten.

Auch dem Cantuccini-Originalrezept von Mattei ist man treu geblieben. Entscheidend für den feinen Geschmack ist der hohe Anteil an Mandeln und die verwendeten Pinienkerne. Wie Zwieback werden die Cantuccini doppelt gebacken – „biscotti". Zuerst wird der Teig wie kleine Brotstangen geformt und gebacken, anschließend in noch warmem Zustand in Scheiben geschnitten und ein weiteres Mal gebacken. Dadurch werden Cantuccini trocken und lange haltbar.

Untrennbar mit den Cantuccini verbunden ist der „Vin Santo", ein Dessertwein aus der Toskana. Als „santo", also „heilig", wird dieser Wein deswegen bezeichnet, weil er häufig als Messwein verwendet wurde und noch wird. Hergestellt aus den Traubensorten Trebbiano und Malvasia, werden die Trauben erst spät gelesen und mehrere Wochen unter dem Dach getrocknet. Der Dachboden ist der heißeste, aber auch der am besten gelüftete Teil eines Weinguts. Je nachdem wie süß der Wein werden soll, wird er zwischen November und März gekeltert. Anschließend reift der Vin Santo mehrere Jahre in Fässern aus Eichen- oder Kastanienholz in einem Raum unter dem Dach, der „vinsantaia", wo der Wechsel der Jahreszeiten dem Wein zu optimaler Qualität verhilft.

Die trockenen Cantuccini werden in ein Glas mit bernsteingelbem Vin Santo eingetaucht, und fertig ist das toskanische Dessert.

Cantuccini

- 3 Eier
- 200 g Zucker
- 1 Pkg. Vanillezucker
- 180 g Mehl, davon die Hälfte Dinkelmehl
- 1 Pkg. Backpulver
- 200 g ganze Mandeln
- 100 g Pinienkerne

Eier mit Zucker und Vanillezucker schaumig schlagen. Das Mehl mit dem Backpulver mischen und unter die Eiermasse heben. Dann Mandeln und Pinienkerne untermischen. Mit angefeuchteten Händen kleine Brotstangen formen und bei 180 °C etwa 30 Minuten knusprig backen. Noch heiß in Scheiben schneiden und nochmals für einige Minuten in den Ofen schieben.

» vanille

Das hauchdünn geschnittene Rinderfilet zählt sicher zu den bekanntesten italienischen Fleischspezialitäten. Dieser Klassiker wurde 1950 von Giuseppe Cipriani ersonnen. Ihm gehörte „Harry's Bar“, ein kleines Lokal in Venedig ganz in der Nähe des Markusplatzes bei der Bootsanlegestelle San Marco. Für einen besonderen Stammgast, die an Blutarmut leidende Contessa Amalia Nani Mocenigo, lies er sich das „Carpaccio“ als Diätessen einfallen. Der Arzt hatte der aus altem venezianischem Geschlecht stammenden Adeligen eine Diät mit viel rohem Fleisch verordnet. Giuseppe Cipriani servierte seiner treuen Kundin hauchdünn geschnittenes rohes Rindfleisch mit einer weißen Soßenmischung, die hauptsächlich aus Mayonnaise bestand.

Er taufte seine Kreation „Carpaccio“ nach dem Renaissancemaler Vittore Carpaccio (um 1456–1526), dessen Gemälde zu jener Zeit im Dogenpalast am Markusplatz gerade in einer Gedenkausstellung präsentiert wurden. Sein Hauptwerk ist der aus neun Gemälden bestehende Ursula-Zyklus über das Leben der Heiligen Ursula, der sich heute in der venezianischen Gallerie dell'Accademia befindet.

Rot und weiß sind die typischen Farbtöne in den Gemälden Carpaccios. Rot und weiß sind auch die beiden vorherrschenden Farben eines klassischen Carpaccio-Tellers.

Das Gericht wird in Italien schon seit langer Zeit unter dem Namen „carne all'albese“ serviert. Aber erst die typische weiße Soße und die Garnierung machen daraus das Carpaccio.

Giuseppe Cipriani hatte vor Vittore Carpaccio bereits einen anderen Renaissancekünstler durch eine neue Kreation geehrt – durch den ebenfalls von ihm für Harry's Bar erfundenen „Bellini Cocktail“ (siehe Seite 15). Gentile Bellini (1430–1516) war Lehrer Carpaccios. Nach dem Namen des Lehrers den Namen des Schülers zu verwenden, war nur konsequent.

Carpaccio

400 g Rinderfilet
100 g frischer Parmesan
100 g Rucola
Saft von 1 Zitrone
etwas Olivenöl
etwas dunkler Balsamicoessig
Salz, Pfeffer

Das Filet in möglichst dünne Scheiben schneiden und zwischen zwei Frischhaltefolien legen. Mit einer Pfanne oder der glatten Seite einen Schnitzelklopfers) hauchdünn ausklopfen und auf einem mit Olivenöl bestrichenen Teller anrichten. Mit Salz und Pfeffer würzen.

Den Rucola mit einem Schuss Balsamico, Zitronensaft und einer Prise Zucker marinieren. Locker über dem Fleisch verteilen und mit einer groben Reibe Parmesanspäne darüberhobeln.

» essig » olivenöl » pfeffer

Die Geschichte des weihnachtlichen Gebäcks beginnt um 1329 in Naumburg an der Saale als Fastenbrot für die Adventzeit. Der damalige Bischof gestattete den Bäckern, als Zunftprivileg ihre Kirchensteuer in Stollen zu entrichten. Das sicher für den heutigen Geschmack, aber auch für damalige Verhältnisse fade brotähnliche Gebäck bestand nur aus Hafer, Mehl und Wasser und musste wegen der Fastenzeit auch ohne Butter auskommen. In anderen Ländern wie in Italien, war das „Butterverbot" leicht einzuhalten, da dort Olivenöl zur Verfügung stand, während es in den deutschen Ländern nur „Rüböl" aus Raps-Samen gab.

Ende des 15. Jahrhunderts wurde der Papst vom Kurfürsten von Sachsen um eine Genehmigung gebeten, das Butterbackverbot zur Adventzeit aufzuheben. In seiner Antwort, dem sogenannten „Butterbrief", erteilte Papst Innozenz VIII. im Jahr 1491 seine Erlaubnis. Er gestattete, dass in Ländern, in denen keine Ölbäume wuchsen, Butter zum Einsatz kommen dürfe. Die Bäcker verwendeten dann für das „Christbrod" Butter und Weizenmehl statt des billigen Rüböls und des Hafers. Seit dieser Zeit verschenkten die Kurfürsten von Sachsen zu Weihnachten die Stollen in alle Welt und machten so den Christstollen zu einer Dresdner Spezialität. Dieser Köstlichkeit ist auch der „Dresdner Striezelmarkt" gewidmet, der schon seit dem Jahr 1434 abgehalten wird und somit einer der ältesten Weihnachtsmärkte Deutschlands ist.

Der Christstollen gehört zu den Gebildbroten, also zu jenen Gebäcken, die in symbolischer Form gestaltet zu einem traditionellen Anlass hergestellt werden. Der mit feinem Zucker überpuderte Christstollen soll an das in weiße Windeln gewickelte Jesuskind erinnern.

Die heute gewohnten Christstollen mit Rosinen oder auch Marzipan stammen erst aus dem 18. Jahrhundert. Auch die dicke Schicht mit dem früher viel zu teuren Puderzucker kam erst später darauf. Der „Dresdner Christstollen" wurde durch die Europäische Kommission als regionale Spezialität hervorgehoben und ist eine „geschützte geografische Angabe".

Christstollen

- 500 g Mehl
- 150 g Butter
- 50 g Zucker
- 30 g Germ
- 5 Dotter
- 180 ml lauwarme Milch
- 50 g Rosinen
- 50 g Korinthen
- 50 g Zitronat
- 50 g Orangeat
- Salz, etwas Rum
- etwas zerlassene Butter
- Staubzucker zum Bestreuen

Die Rosinen und Korinthen in Rum einlegen. Die lauwarme Milch mit Zucker, einer Prise Salz und Germ zu einem Dampfl ansetzen. Das Dampfl mit dem Mehl, der Butter und den Eidottern zu einem festen Teig rühren und die Rosinen und klein geschnittenes Zitronat und Orangeat untermischen. Den Teig an einem warmen Ort zugedeckt etwa eine halbe Stunde aufgehen lassen.

Aus dem Teig einen länglichen Striezel formen, die Mitte mit einem Kochlöffelstiel eindrücken und dann die beiden Teile zusammenklappen. Nochmals aufgehen lassen. Anschließend bei mittlerer Hitze etwa 45 Minuten backen und während des Backens öfters mit zerlassener Butter bestreichen.

Den fertigen, noch warmen Stollen dick mit Staubzucker bestreuen.

» MARZIPAN

Das Mixen von Cocktailgetränken ist keine Erfindung der vergangenen Jahrzehnte. Es hat eine sehr lange Tradition. Bereits zu Beginn des 19. Jahrhunderts nannte man in den Vereinigten Staaten alle alkoholischen Mixgetränke „Cocktails". Um 1900 wurde das Mixen auch in Europa populär. Früher verstand man darunter ausschließlich Mixgetränke, in denen Alkohol enthalten war, doch heute sind auch alkoholfreie Cocktails weit verbreitet.

Die Frage nach der Entstehung der Bezeichnung „Cocktail" lässt sich nicht eindeutig beantworten, da es für keine der vielen Legenden historische Belege gibt. Der Begriff soll mit der Tradition der Hahnenkämpfe zusammenhängen. Einem Gastwirt in Washington, der auch ein bekannter Züchter von Kampfhähnen war, soll sein bestes Tier entlaufen sein. Trotz intensiver Suche war es nicht mehr aufzufinden. Nach einigen Wochen soll ein junger Soldat den Hahn wieder zurückgebracht haben. Zum Dank wurde ihm ein buntes Getränk gemischt. Dieses war genauso farbenprächtig wie der Schwanz des zurückgebrachten Hahnes. Deshalb wurde das Getränk „Cocktail", englisch für „Hahnenschwanz", genannt.

Zwar nicht so amüsant, aber wesentlich plausibler ist die Erklärung, dass der „Cocktail" auf den französischstämmigen Apotheker Antoine Peychaud zurückgeht. Er soll um das Jahr 1800 in New Orleans in seinem Geschäft eine große Anzahl von gemischten alkoholischen Bittergetränken verkauft haben. Als Trinkgefäße dienten Eierbecher. Aus dem französischen Wort für Eierbecher „Coquetier" wurde im Amerikanischen schließlich „Cocktail".

Einer der bekanntesten Drinks ist die „Bloody Mary". Die erste „blutige Marie" wurde 1921 von Fernand Petoit in einer Bar in Paris gemischt. Der Name dieses durch den Tomatensaft blutroten Cocktails hat aber nichts mit Frankreich zu tun, sondern soll auf die englische Königin Maria I. Tudor zurückgehen. Sie führte einen blutigen Krieg gegen die Protestanten in England. Eine Bloody Mary soll auch gegen einen Kater helfen, den vielleicht andere Cocktails verursacht haben.

Bloody Mary

4 cl Vodka
10 cl Tomatensaft
ein Spritzer Zitronensaft
etwas Tabasco und/oder Worcestershiresauce
etwas schwarzer Pfeffer
etwas Selleriesalz
eine kleine Stange Sellerie zum Garnieren

Alle Zutaten in einen Mixbecher geben und vorsichtig einige Male in einen zweiten Becher umgießen. Zum Servieren in ein gekühltes Longdrinkglas füllen und mit der Selleriestange garnieren.

» pfeffer

Das Croissant ist das beliebteste Frühstücksgebäck der Franzosen. Dieses Blätterteigkipferl hat seinen Ursprung aber nicht in Frankreich. Es kommt aus Wien! Das behauptet zumindest eine kulinarische Legende.

Die Türken standen 1683 vor Wien, dem letzten Bollwerk des christlichen Europa vor dem anstürmenden osmanischen Heer. Um die Stadt zu Fall zu bringen, versuchten die Angreifer, in der Nacht einen Tunnel unter der Stadtmauer hindurch zu graben. Dies wurde aber von den Wiener Bäckern bemerkt, die schon in den frühesten Morgenstunden ihrem Handwerk nachgingen und rechtzeitig Alarm schlugen. So konnte der Plan vereitelt und die Einnahme Wiens verhindert werden.

Als Zeichen des Triumphs und zur dauerhaften Erinnerung an dieses Ereignis und ihre Tat sollen die Bäcker das Symbol der Türken, den (zunehmenden) Halbmond, aus Teig geformt haben. Das so geschaffene „Kipferl" war nach Ende der Belagerung bei den Geretteten sehr beliebt und fand große Verbreitung. Es wurde dann mit verschiedenen Füllungen und aus verschiedenen Teigen hergestellt. So auch aus Blätterteig, den die Wiener genauso wie den Kaffee von den Türken übernommen haben.

Das Wiener Kipferl-Gebäck dürfte aber schon einen Vorläufer gehabt haben, der in mittelalterlichen Klöstern verbeitet war. Aus Weizenmehl und Milch wurden Hörnchen als Fastenspeise gebacken.

Nach Frankreich wurde das Hörnchen schließlich von der österreichische Erzherzogin Marie Antoinette gebracht. Die Tochter von Kaiser Franz I. und Kaiserin Maria Theresia, die den späteren französischen König Ludwig XVI. heiratete und später in der Französischen Revolution einen tragischen Tod auf der Guillotine fand, nahm die Blätterteig-Variation des Kipferls von Wien nach Paris mit und führte das Gebäck um 1770 am französischen Hof ein. Dort nannte man das Blätterteigkipferl „Croissant", was nichts anderes bedeutet als „zunehmender Mond".

„Curry" ist in seinem Ursprungsland Indien keine Gewürzmischung, sondern der Oberbegriff für verschiedene Fleisch-, Fisch- und Gemüsegerichte in einer sämigen, stark gewürzten Soße. Die Engländer haben das Wort während der indischen Kolonialherrschaft auf alle in diesen Gerichten verwendeten Gewürzmischungen übertragen.
Indisches Curry-Pulver setzt sich aus bis zu drei Dutzend Gewürzen zusammen, deren Anteile von Mischung zu Mischung variieren. Seit jeher wird für die verschiedenen Gerichte jeweils eine ganz individuelle Gewürzmischung frisch hergestellt. Europäisches Curry-Pulver besteht meist nur aus Pfeffer, Ingwer, Piment, Paprika, Nelken, Koriander, Kardamom, Muskatblüte und Zimt. Die intensive, gelbe Färbung erhält Curry durch Kurkuma, die Gelbwurzel.
Spätestens seit der Erfindung der Currywurst ist die gelbe Gewürzmischung Allgemeingut geworden. Die Currywurst hat in Berlin inzwischen längst Kultstatus erreicht. Sogar ein eigenes Museum ist ihr gewidmet. Die deutsche Post hat sie als Motiv für eine ihrer Briefmarken in der Serie „Deutsche Erfindungen" gewählt. Auch eine eigene „Hymne" hat sie – der Liedermacher Herbert Grönemeyer, widmete ihr das Lied „Currywurst". Selbstverständlich gibt es in Berlin neben den Currywurst-Ständen auch eine Gedenktafel, die an die Erfindung der Currywurst erinnert. Sie befindet sich in der Charlottenburger Kantstraße 101, wo sich einst der Imbiss-Stand von Herta Heuwer befand. Sie soll in einer Herbstnacht des Jahres 1949, am 4. September, in ihrem Stand Curry und andere Gewürze mit Tomatenmark gemischt und so die typische Soße erfunden haben. Zehn Jahre später ließ sie ihre Rezeptur unter dem Namen „Chill-up" patentieren. Herta Heuwer war aber beileibe nicht die Einzige, die Soßen mischte. Die amerikanischen Soldaten wollten zu ihrer Wurst Ketchup, das es aber nicht gab. Daher wurde versucht, mit Tomatenmark und Gewürzmischungen deren Geschmack zu treffen.

Kartoffel-Kürbis-Curry

150 g Kartoffeln
150 g Hokkaido-Kürbis
1 Dose Kichererbsen
1 mittelgroße Zwiebel
2–3 Knoblauchzehen
1 EL Ghee (Butterfett)
250 ml Kokosmilch
Gemüsebrühe nach Bedarf
1 EL Currypulver oder -paste (je nach Geschmack mild oder scharf)
Salz
Chili nach Geschmack
frische Korianderblätter

Kartoffeln schälen und in mittelgroße Würfel schneiden. Den Kürbis mit der Schale in Würfel schneiden. Zwiebel und Knoblauch fein hacken. In einem Topf das Ghee erhitzen, die Zwiebeln und den Knoblauch anschwitzen. Die Kartoffeln und den Kürbis dazugeben und anrösten. Die abgetropften Kichererbsen zugeben. Currypulver darüberstreuen, kurz weiterrösten und mit der Kokosmilch ablöschen. Das Curry einköcheln lassen, bis Kartoffeln und Kürbis gar sind. Wird es zu dickflüssig, mit etwas Gemüsebrühe aufgießen. Mit Salz und Chili abschmecken. Beim Anrichten mit grob gehacktem Koriandergrün bestreuen und mit gekochtem Reis oder Pita-Brot servieren.

» kartoffel » knoblauch

Erfunden wurde die Dobostorte Ende des 19. Jahrhunderts von József Dobos, einem Konditormeister in Budapest, der damals als ungekrönter König des ungarischen Konditorhandwerks galt. Die von ihm hergestellten Süßwaren sollen sensationell geschmeckt haben.

Sein Ziel war es, eine Torte zu schaffen, die trotz der damals noch mangelhaften Kühltechnik haltbar war und bei einem Transport ihre Form behielt. Dieses Problem löste Dobos durch die abwechselnde Schichtung von Teig und Creme. Dadurch fällt die Torte nicht zusammen und die harte Karamellschicht oben schützt vor dem Austrocknen.

Dobos beteiligte sich mit einem eigenen Pavillon an der ersten ungarischen Landesausstellung 1885 in Budapest und stellte dort seine Tortenkreation aus. Unter den Besuchern seines Pavillons waren auch der ungarische König und österreichische Kaiser Franz Joseph und seine in Ungarn besonders beliebte Gattin Elisabeth, die die Torte kosteten und sich begeistert zeigten. Natürlich steigerte das die Popularität der Dobostorte ungemein, und plötzlich verlangten in allen Budapester Konditoreien die Kunden nach der Dobostorte. Das Originalrezept hielt József Dobos geheim, sodass eine große Zahl von Variationen entstand.

Die originale Dobostorte wurde in Holzkistchen verpackt und versandt. Täglich brachte der Nachtzug Dobostorten von Budapest in die europäischen Hauptstädte.

Als József Dobos 1906 in den Ruhestand ging, machte er sein bis zu diesem Zeitpunkt streng gehütetes Rezept öffentlich. Er übergab es dem Budapester Konditor- und Zuckerbäckerverein und zog sich aus dem öffentlichen Leben zurück. Heute erinnert in Szentendre ein Museum an József Dobos und die weltberühmte Dobostorte.

Dobostorte

Biskuitteig:
6 Eier, getrennt
100 g Zucker
1 Prise Salz
160 g Mehl

Creme:
200 g Butter
100 g Schokolade
1–2 Eidotter
50 g gehackte Haselnüsse

Glasur:
200 g Zucker
etwas Butter

Teig: Eidotter und Zucker schaumig schlagen, die Eiklar mit einer Prise Salz steif schlagen und abwechselnd mit dem Mehl vorsichtig unter die Dottermasse heben. Den Biskuit in einer Springform bei 180 °C goldgelb backen. Nach dem Erkalten vorsichtig in dünne Blätter schneiden.

Creme: Butter und Dotter schaumig schlagen und die über einem Wasserbad erweichte Schokolade hineinmengen. Die Torte schichtweise mit Creme zusammensetzen. Etwas Creme zum Bestreichen der Seite aufheben.

Glasur: In einer Kasserolle den Zucker mit etwas Butter zu hellgelbem Karamel schmelzen lassen. Die Butter erleichtert das Gießen des Karamells. Die Tortenoberfläche damit glasieren. Bevor die Karamellglasur erkaltet und fest wird, mit einem mit Butter befetteten Messer sofort Tortenstücke einzeichnen. Den Rand der Torte danach mit Creme bestreichen und mit gehackten Haselnüssen bestreuen.

Bis heute ist der „Earl Grey“ der Inbegriff von feinstem englischem Tee. Zur Herstellung wird schwarzer Tee mit ätherischem Öl aus der Bergamotte leicht aromatisiert. Dieser Tee ist nach Charles Grey (1764–1845), dem zweiten Earl Grey, benannt, der von 1830 bis 1834 britischer Premierminister war. Eine Legende erzählt, dass er sich Tee aus China liefern ließ. Das Schiff geriet aber in einen Sturm und die sich ebenfalls an Bord befindlichen Behälter mit Bergamotte-Öl schlugen leck und ergossen sich über die Teeballen. Der Earl besichtigte bei der Ankunft des Schiffes in London die Schäden und probierte auch den vermeintlich verunreinigten Tee. Doch der so „aromatisierte“ Tee war hervorragend und kam bald als „Earl Grey“ in den Handel.

Die Bergamotte ist eine der Zitrone ähnliche Frucht, deren ätherisches Öl für die Herstellung von Parfums verwendet wird.

Das Teegeschäft mit der größten Tradition ist sicher „Twinings“ in London. Gegründet von Thomas Twining im Jahr 1706 wird auch heute noch unter anderem Earl Grey Tee in den markanten, würfelförmigen Teedosen vertrieben. Den goldenen Löwen wählte die Firma Twinings im Jahr 1787 als Markenzeichen. Damit ist es das älteste Markenlogo der Welt, das heute noch in Gebrauch ist.

Typisch britisch ist es, den schwarzen Tee mit einem Schuss Milch zu trinken. Diese Sitte hat aber nichts mit dem Geschmack zu tun. Der wahre Grund für die Entwicklung des „milk tea“ war, dass die Briten lange Zeit nicht in der Lage waren, ein wirklich hitzebeständiges Porzellan herzustellen. Hochwertiges Teegeschirr musste unsicher und kostspielig aus China eingeführt werden. Britische Keramik zersprang häufig beim Einschenken des kochend heißen Tees. Daher gab man vorher etwas kalte Milch in die Schale, um den Tee sofort abzukühlen. So wird auch klar, warum zuerst die Milch und dann erst der Tee eingeschenkt werden muss, wenn man der britischen Tradition entsprechen will.

Jeder Österreicher verzehrt jährlich etwa sieben Liter Speiseeis. Damit liegt er im europäischen Vergleich im Mittelfeld. Spitzenreiter sind die Schweden mit rund zwölf Litern. Die weltweite Nummer eins im Eis-Essen sind aber die US-Amerikaner mit jährlich mehr als 20 Litern.

Aber nicht erst heute erfreut sich Eis größter Beliebtheit. Bereits vor 3000 Jahren vermischte man in China zerkleinerte Früchte und Obstsäfte mit Schnee oder gestoßenem Eis, und im 13. Jahrhundert gab es schon Lokale für geeiste Speisen. Von den Chinesen lernten die Araber, Fruchtsirup mit Schnee zu kühlen, und sie nannten diese Speise „Sherbet", also Sorbet. Auch im antiken Griechenland war Eis beliebt. So schrieb Simonides von Keos 527 v. Chr.: „Von dem Schnee, der den Olymp bedeckt, lasse man auch mir einen Teil in den Becher füllen." Der römische Kaiser Nero ließ sich für seine Eisdesserts sogar Schnee von den Albaner Bergen kommen.

Im Jahr 1530 entwickelte ein Zuckerbäcker aus dem sizilianischen Catania ein Verfahren, bei dem mithilfe von Salpeter künstlich Kälte erzeugt werden konnte. Damit war es erstmals möglich, fest gefrorene Eiscreme in größeren Mengen herzustellen. Seither hat sich Italien zum Land mit den besten Eiskreationen entwickelt.

So ist auch der Eissalon eine italienische Erfindung, war aber nicht in Italien angesiedelt. Der erste Eissalon wurde von dem aus Sizilien stammenden Koch Procopio Coltelli bereits 1672 in Paris eröffnet. Er war es auch, der das Eis erstmals in einem eiförmigen Becher anbot, eine Form, die noch heute gebräuchlich ist.

Der amerikanische Konditor Harry Burt aus Ohio gilt als Schöpfer des Eises am Stiel. 1923 ließ er das Eis in Kugel- und Zylinderform um Stöckchen herum frieren und meldete seine „Vanille-Eiscreme mit Schokoladenglasur am Stil" als Patent an.

Aus dem Stöckchen wurde bald der flache Holzspatel, der mittlerweile oft durch Kunststoff ersetzt wird. Heute lassen sich mit einem modernen Eis-Rundgefrierer stündlich bis zu 30 000 Eis am Stiel herstellen.

Vanilleeis

375 ml Milch
125 ml Schlagobers
Mark von
1 Vanillestange
70 g Zucker
1 EL Speisestärke
2 Eidotter

Die Milch mit dem ausgekratzten Vanillemark und dem Zucker aufkochen.
Die Stärke mit dem Schlagobers glatt rühren und unter beständigem Rühren in die Vanillemilch gießen. Kurz aufkochen lassen, bis die Milch eindickt. Die Eidotter dickschaumig rühren und langsam die Milchmasse unterrühren. Diese darf nicht mehr zu heiß sein, damit die Masse nicht gerinnt. Nun in eine Form gießen und erkalten lassen. Danach für einige Stunden einfrieren. Alternativ kann man die abgekühlte Masse auch in einer Eismaschine zubereiten.

» fürst-pückler-eisbombe » pfirsich melba » vanille

Essig ist eines der ältesten Würzmittel der Menschheit und war schon in den antiken Hochkulturen bekannt. Den Grund für die Bildung von Essig, nämlich dass Essigsäurebakterien mithilfe von Sauerstoff zuckerhaltige Flüssigkeiten wie Traubensaft und alkoholhaltige Flüssigkeiten wie Wein oder Apfelmost in Essigsäure umwandeln, entdeckte 1846 Louis Pasteur. Er bewies auch, dass die sogenannte „Essigmutter" aus einer Haut aus Essigsäurebakterien besteht.

Essig ist vielseitig verwendbar. Nicht nur als Speisezutat, sondern auch als Konservierungsmittel, als Naturheilmittel und als Putzmittel zum Kalklösen leistet er gute Dienste. Die römischen Legionäre hatten übrigens in ihren Feldflaschen das Trinkwasser mit Essig versetzt, um es trinkbar zu halten. Für Reinigungszwecke wird Essig einfach aus Industriealkohol hergestellt und durch Destillation gereinigt.

Der teuerste Essig der Welt ist der „Aceto Balsamico Tradizionale". Er stammt aus der Gegend um Modena in der norditalienischen Region Emilia-Romagna. In einem mindestens 12 Jahre dauernden und sehr aufwendigen Reifeprozess wird der Saft der weißen Trebbiano-Traube in Holzfässern zu Essig vergoren. Mancher Balsamico-Essig ist sogar mehrere Jahrzehnte alt. Je länger Balsamico reift, desto intensiver und zähflüssiger wird er. Zur Reifung wandert der Balsamico durch Fässer aus unterschiedlichen Holzsorten (Eiche, Kastanie, Kirsche, Esche, Maulbeerbaum). Die Hölzer geben während des langen Prozesses ihr spezielles Aroma und Gerbstoffe an den Essig ab, wodurch er das ganz besondere Bouquet bekommt. Das Original findet man nur in Spezialgeschäften. Jedes Fläschchen ist mit einer Seriennummer versehen, hat nur 100 ml Inhalt und ist nicht unter 50 Euro zu haben.

Die Bezeichnung „Balsamico" ist nicht gesetzlich geschützt. Nur bei Produkten mit dem Namen „Aceto Balsamico Tradizionale di Modena" handelt es sich um echten Balsamessig. Unter der einfachen Bezeichnung „Balsamico" oder Balsamessig ist meist ein mit Kräutern aromatisierter Speiseessig im Handel, dessen Herstellung nur wenige Tage in Anspruch genommen hat und der mit dem „traditionellen" Balsamico in keiner Weise vergleichbar ist. Wein- oder Obstessige werden oft mit Früchten oder Kräutern wie Himbeeren oder Estragon angesetzt und so aromatisiert.

Kräuteressig

1 Liter Apfelessig
10 g Estragon
10 g Thymian
10 g Basilikum
10 g Bohnenkraut
10 g Schalotten
5 Pfefferkörner

Die Kräuter waschen, abzupfen, hacken und mit den übrigen Zutaten in eine weithalsige Flasche füllen, den Essig dazugießen und verschließen. Vier bis sechs Wochen an der Sonne stehen lassen und öfters schütteln. Schließlich abseihen und in kleinere Flaschen abfüllen.

» pfeffer

[Filet Wellington]

Denkmäler erinnern oft an kriegerische Auseinandersetzungen, auch im kulinarischen Bereich. So hält das Filet Wellington das Gedächtnis an einen großen Feldherrn wach. Der erste Herzog von Wellington wurde 1769 als Arthur Wellesley in Dublin geboren. Er schlug die militärische Laufbahn ein und führte 1815 die britischen Truppen in der Schlacht bei Waterloo an, wo er gemeinsam mit den verbündeten Preußen unter Feldmarschall Blücher das napoleonische Heer vernichtend schlug. König George III. adelte ihn zum ersten Herzog von Wellington und übertrug ihm später auch das Amt des Premierministers.

Nach der gewonnenen Schlacht soll zur Feier des Tages ein in Teig gebackenes Filet serviert worden sein. Wahrscheinlich vom Pferd, da es damals üblich war, die im Kampf gefallenen Tiere zu essen. Da Pferdefilet besonders mager ist, empfiehlt sich der Teigmantel als Zubereitungsart, da dadurch das Fleisch saftig bleibt. Vor allem dann, wenn der Teig mit einer würzigen Farce aus sehr fein in Würfel geschnittenen Pilzen und Schalotten, einer „Duxelles", gefüllt wird. Das Gericht soll dem Feldherrn besonders gut geschmeckt haben.

Die Speise hat es sicher schon lange vor Waterloo gegeben, da es etwa dem französischen „Filet de boeuf en croute" entspricht. Es lag aber nahe, dem siegreichen englischen Feldherrn ein Gericht mit englischem Namen zu servieren und ihn auch auf diese Art zu ehren.

Eine andere kulinarische Legende besagt, dass das Filet den Namen des Herzogs deswegen erhielt, weil die fertige Speise den glänzenden braunen Reitstiefeln glich, deren Schnitt Wellington erfunden haben soll. Diese klassischen Stiefel werden in England noch heute „Wellingtons" oder „Wellies" genannt.

Filet oder Beef Wellington ist ein klassisches Gericht der gehobenen Küche, das aufgrund des verhältnismäßig großen Aufwands meist nur zu besonderen Anlässen und für größere Gesellschaften zubereitet wird. Anstelle des Pferdefleisches wird aber nur mehr Rindfleisch verwendet.

Filet Wellington

1 Pkg. Blätterteig
600 g Rinderfilet (ganz)
500 g Champignons
1 kl. Bund Petersilie
2 Zwiebeln
1 Knoblauchzehe
2 EL Dijonsenf

Champignons, Zwiebel und Knoblauch fein hacken und anschwitzen, bis die Flüssigkeit verdunstet ist.

Mit Salz und Pfeffer abschmecken und die Petersilie untermischen. Das Rinderfilet würzen und mit Senf einstreichen, dann von allen Seiten scharf anbraten. Den Blätterteig ausbreiten und die Champignonmasse darauf verteilen. Mit dem Fleisch einrollen und auf einem Backblech ins Rohr schieben. Bei 200 °C cirka 25 Minuten backen (Fleischthermometer: 55° C).

» Knoblauch » Senf

Die Geschichte des Fondues reicht bis ins Mittelalter zurück. Es stammt ursprünglich wahrscheinlich aus der französischsprachigen Schweiz und den Savoyer Alpen. Die Almen in der Region waren oft sehr entlegen und die einzigen Grundnahrungsmittel, welche selbst hergestellt werden konnten, waren Brot und Käse. Das Brot wird beim Fondue in den zerlassenen Käse getaucht. So leitet sich der Name „Fondue" vom französischen „fondre" für „schmelzen, zergehen" ab.
In der Deutschschweiz war das Fondue lange nur wenig bekannt. Erst eine große Werbeaktion der damaligen Schweizerischen Käseunion zur Steigerung des Käseverzehrs machte es ab 1950 auch über die Landesgrenzen hinaus zu einer beliebten Speise. Zum Schweizer Nationalgericht wurde das Käsefondue dadurch, dass es in das Armeekochbuch aufgenommen wurde und die Soldaten das Rezept mit nach Hause brachten. Vielleicht ist dieser Hintergrund dafür ausschlaggebend, warum in vielen Haushalten das Fonduekochen reine Männersache ist. Das erste Fertigfondue in Konservendosen wurde 1952, der heute übliche Plastikbeutel um das Jahr 1964 auf den Markt gebracht.
Für das Käsefondue ist in der Schweiz meist eine Käsemischung zur Hälfte aus Greyerzer und Vacherin üblich (moitié-moitié). Je nach Region wird auch Appenzeller oder Emmentaler verwendet. Diese Mischung wird in einem Fonduetopf aus Keramik, genannt „Caquelon", über einem Tischkocher, dem „Rechaud", heiß gehalten. Mit Brotstückchen oder gekochten Kartoffeln wird auf einer langen Gabel der flüssige Käse herausgetunkt.
Fondue ist besonders wegen der damit verbundenen Geselligkeit beliebt. Daher haben sich auch Bräuche für jene entwickelt, die ihr Stück Brot im Fondue verlieren. Die Strafe muss aber nicht wie im Comic „Asterix bei den Schweizern" gleich darin bestehen, in den Genfer See geworfen zu werden, es reicht als Buße meist die Bezahlung einer Runde Kirschwasser.

Käse-Fondue

je 400 g Greyerzer und Appenzeller, gerieben
1 Knoblauchzehe
4 TL Speisestärke
350 ml Weißwein
1 TL Zitronensaft
20 ml Kirschwasser
Weißer Pfeffer aus der Mühle, Muskat
500 g Brot, gewürfelt

Den Fonduetopf mit einer Knoblauchzehe einreiben. Käse zusammen mit Weißwein und Zitronensaft in den Caquelon geben. Kirschwasser mit der Speisestärke vermischt hinzufügen. Wenn man das Kirschwasser erst kurz vor dem Servieren beigibt, verflüchtigen sich dessen Aromastoffe nicht so schnell. Bei mittlerer Hitze unter kräftigem Rühren langsam aufkochen, bis die Masse sämig wird. Mit Pfeffer und Muskat abschmecken. Das Fondue am Tisch auf einem Rechaud warmhalten. Mit den an der Fonduegabel aufgespießten Brotstücken
darin rühren, damit der Käse nicht anbrennt. Außer Brot können auch Essiggurken, Perlzwiebel oder Gemüsestücke in den Käse getaucht werden.

» knoblauch » muskatnuss » pfeffer

[Frankfurter Würstel]

Frankfurter Würste haben eine lange Tradition. So sollen schon bei den Kaiserwahlen 1562 „Krönungswürste" gereicht worden sein. Unter „Frankfurtern" verstand man aber damals Würste, die in heißem Fett gebraten und nicht wie heute vor dem Verzehr gebrüht wurden. Zudem wurden damals die viel dickeren Schweinedärme statt den Schafsaitlingen (Dünndarm) für die Wursthaut verwendet. Diese dienten auch zur Fertigung von Saiten für Streichinstrumente. Ihr Name „Saitlinge" blieb als Bezeichnung für die Wursthaut bis heute erhalten.

Gegen Ende des 18. Jahrhunderts erlernte der aus Oberfranken stammende Johann Georg Lahner (1772–1845) im Frankfurter „Worschtquardier" das Fleischerhandwerk, bevor er auf seiner Wanderschaft nach Wien kam, wo er sich schließlich niederließ und am Schottenfeld, der heutigen Neustiftgasse 112, seine eigene Metzgerei eröffnete. Im Mai des Jahres 1805 brachte er zum ersten Mal seine schlanken Würstel auf den Markt, die eine neue Variante einer seit jeher hergestellten Frankfurter Spezialität waren. Lahner mischte nämlich für seine Würstel Schweine- und Rindfleisch zusammen und füllte sie in eine Hülle aus Schafsaitlingen. Er machte sich dabei den Umstand zunutze, dass die Wiener Fleischhauer das Fleisch sämtlicher Tierarten verwenden konnten, während die Frankfurter Metzger streng in Schweine-, Rinder-, Ochsen-, Kalbs-, oder Schafmetzger getrennt waren und nur das Fleisch der jeweiligen Tierart verarbeiten durften.

Lahner wurde nach seiner Heimatstadt von den Wienern bald „Frankfurter" genannt, die diese Bezeichnung auch auf seine Kreation, die „Frankfurter Würstel", ausdehnten. Doch nur in Österreich kennt man sie unter diesem Namen. Überall sonst werden sie „Wiener" genannt, so auch in Frankfurt.

In Wien wurde Lahner ob seiner Kreation mit Joseph Lanner, einem der Väter des Wiener Walzer, verglichen, und es soll geheißen haben: „Was der Lanner fürs Herz, ist der Lahner für den Magen".

» Ketchup » Senf

Diese Eisköstlichkeit erfand ein Konditormeister zu Ehren des deutschen Fürsten Pückler-Muskau.

Der 1785 auf dem Gut Muskau in der Oberlausitz, das heute an der deutsch–polnischen Grenze liegt, geborene Graf Hermann von Pückler, 1822 zum Fürst von Pückler-Muskau erhoben, war eine schillernde Persönlichkeit, die wegen ihres exzentrischen Lebensstils für Aufsehen sorgte. Er hatte Erfolg als Reiseschriftsteller, der über seine Afrika- und Orientreisen berichtete, blieb aber vor allem durch die Planung von Landschaftsgärten und als Gartenbaufachmann in Erinnerung.

So schuf er in Muskau ein Kleinod der Gartenkunst, einige Jahre später einen zweiten, wenn auch nicht so großen Park in Branitz bei Cottbus. In diesem Park wurde der 1871 verstorbene Pückler unter einer etwa 20 Meter hohen Erdpyramide, inmitten eines künstlich angelegten Sees bestattet. Beide Parks sind heute noch zu besichtigen. Der Park in Muskau wurde 2004 sogar in die Weltkulturerbe-Liste der UNESCO aufgenommen.

Beinahe wäre auch in Salzburg ein von ihm gestalteter Garten entstanden. 1849 besuchte Fürst Pückler die Stadt, wo gerade Schloss Neuhaus zum Verkauf angeboten wurde. In seinem Tagebuch notierte er: „Wundervolle Gegend! Etwas Schöneres als wie Schloss Neuhaus und Umgebung mochte in Hinsicht auf Scenerie kaum in Europa gefunden werden." Die sehr konkreten Pläne zum Kauf und zur Errichtung eines Parks von annähernd 200 Hektar zerschlugen sich zum Leidwesen der Salzburger knapp vor dem Abschluss.

In Muskau soll Pückler oft die Konditorei Schultz besucht haben. Die dreifärbige Eiskreation mit Schokolade-, Vanille- und Erdbeereis in einer halbkugeligen Form soll ihm sehr gefallen haben, zumal die Eiskomposition an die Farben seines Familienwappens – schwarz, gelb, rot – erinnerte. Auf Wunsch des Konditormeisters gestattete er die Namensgebung als „Fürst Pückler Eis". Wie häufig bei Speisen gab auch in diesem Fall der Förderer und Gönner und nicht der Erfinder der Neuheit ihren Namen.

Fürst-Pückler-Eisbombe

Vanilleeis
Erdbeereis
Schokoladeneis
kleine Puddingförmchen oder halbrunde Schalen,
Schlagobers zum Garnieren

Das Eis leicht antauen lassen. Die Puddingförmchen erst mit dem Erdbeereis, dann dem Vanilleeis und zuletzt dem Schokoladeneis in drei Schichten füllen. Die Eisbomben bis zum Servieren wieder in den Gefrierschrank stellen. Zum Stürzen kurz in heißes Wasser tauchen und mit Schlagobers garniert servieren.

Der Reichtum an Gemüse und die große Hitze haben wohl dazu beigetragen, dass im südspanischen Andalusien Gazpacho, eine eisgekühlte Tomatensuppe, eine beliebte Mahlzeit ist. Gazpacho war seit jeher die Alltagskost der einfachen Leute in dieser Region. Die Urversion bestand im Mittelalter aus eingeweichtem Brot, vermischt mit Knoblauch, Essig und Olivenöl, war also im Grunde eine Brotsuppe.

Tomaten wurden erst von Christoph Kolumbus aus Amerika nach Europa gebracht, schließlich in Spanien bekannt und zum Hauptbestandteil dieser Suppe.

Dagegen ist eine andere wesentliche Zutat für Gazpacho, die Gurke, schon lange gebräuchlich. Ursprünglich aus Indien stammend, waren Gurken im Römischen Reich ein geschätztes Gemüse. Sie sollen das Lieblingsgemüse des römischen Kaisers Tiberius gewesen sein. Bei schlechtem Wetter schützte man seine Pflanzen sogar in einfachen Glashäusern, um sie immer verfügbar zu haben. Gurken wurden in allen römischen Provinzen kultiviert, auch auf der iberischen Halbinsel, und wahrscheinlich waren sie bis ins 16. Jahrhundert das meistverwendete Gemüse in Spanien.

Daneben braucht es für Gazpacho noch Zwiebel, Paprika, Knoblauch, Olivenöl, Weinessig, Salz und Wasser. Die hinzugefügte Menge Weißbrot bestimmt die Konsistenz der pürierten Suppe.

Um wirklich erfrischend zu wirken, muss Gazpacho eiskalt serviert werden. Vor der Erfindung des Kühlschranks war das natürlich nicht möglich. Die niedrige Temperatur dürfte also noch nicht sehr lange üblich sein.

Es gibt eine große Zahl regionaler Varianten. So etwa den „Ajoblanco“ – „weißer Knoblauch“, eine mit gemahlenen Mandeln und Trauben zubereitete weiße Suppe. Oder den dickflüssigen „Salmorejo“ aus der Gegend um Cordoba, der gekochte Eier und Schinken enthält. Der „Gazpacho verde“ wird mit Kräutern und grünem Gemüse wie etwa Spinat zubereitet.

Gazpacho

500 g Tomatenwürfel im eigenen Saft aus der Dose
1 gelbe Paprika
1 rote Paprika
1 grüne Paprika
1 Gurke
2 Knoblauchzehen
Salz, Pfeffer
Cayennepfeffer
Zucker
1 Schuss Essig
Saft von 2 Zitronen

Knoblauch fein schneiden, Paprika und Gurke in grobe Stücke schneiden und alles mit den Tomaten vermischen. Mit Salz und Pfeffer würzen und mindestens 5 Stunden (eventuell über Nacht) ziehen lassen. Alles gut mixen und mit Zitronensaft, Cayennepfeffer, Zucker und einem Schuss Essig abschmecken und gut gekühlt servieren.

» Essig » Knoblauch » Pfeffer

Der kräftige Duft der Gewürznelken ist durch Lebkuchen, Kompott, Glühwein, Blaukraut oder mit Nelken besteckten Orangen als Weihnachtsdekoration wohlbekannt.
Der Gewürznelkenbaum stammt ursprünglich von der indonesischen Inselgruppe der Molukken, wo er schon vor über 2000 Jahren kultiviert wurde. Zu Beginn des 16. Jahrhunderts eroberten die Portugiesen das Nelkenmonopol, später wurden sie von den Niederländern abgelöst. Gewürznelken waren ungeheuer wertvoll. Daher wurde mit allen Mitteln versucht, die Ausfuhr von Samen oder Bäumen zu verhindern. Die Versuche endeten für die Schmuggler oft tödlich. Erst 1770 gelang die Verbreitung des Baumes auch außerhalb Indonesiens. Heute werden vier Fünftel aller Gewürznelken auf der Insel Sansibar im Osten Afrikas geerntet, wo der Anbau Staatsmonopol ist.
In der ursprünglichen Heimat der Gewürznelke, dem heutigen Indonesien, findet sie in der Küche nur selten Anwendung. Dennoch verbrauchen die Indonesier mehr als 50 Prozent der Welternte. Die Gewürznelken werden geschrotet, dem Tabak beigemischt und zu den äußerst beliebten Nelkenzigaretten, im Indonesischen „Kretek", gedreht.
Der Nelkenbaum ist ein immergrüner Baum, der bis zu 20 Meter hoch werden kann. Als Gewürz werden die getrockneten, noch nicht aufgeblühten Blütenknospen verwendet, wobei von jedem Baum etwa 2 bis 4 Kilogramm pro Jahr geerntet werden können. Die Knospen werden für mehrere Tage auf Matten getrocknet, werden dabei braun und verlieren drei Viertel ihres Gewichts.
Das deutsche Wort „Nelke" kommt von „Nagel", da die Form der Knospen an kleine Nägel erinnern. Von den Gewürznelken wurde wegen des ähnlichen Dufts der Name auf die Gartennelken übertragen.
Die Menschen hatten großes Vertrauen in die intensive Kraft der „Näglein", also der Gewürznelken, die in früheren Zeiten an die Wiege gesteckt wurden, um Krankheiten und Insekten von den Kindern fern zu halten. So werden die Gewürznelken auch heute noch in einem bekannten Schlaflied besungen: „Guten Abend, gut Nacht, mit Rosen bedacht, mit Näglein besteckt, ..."

Bratäpfel

4 Äpfel
125 ml Milch
30 g Zucker
75 g geriebene Mandeln
75 geriebene Haselnüsse
Abrieb von je einer ¼ Zitrone und ¼ Orange
geriebener Zimt und Nelken nach Geschmack
15 g Butter
15 g Vanillezucker
1 Eidotter
10 ml Rum
Preiselbeermarmelade nach Geschmack

Milch mit Zucker, Zimt und Nelken aufkochen, dann die Mandeln und Haselnüsse einrieseln lassen. Etwa 10 Minuten ziehen und auskühlen lassen. Butter, Vanillezucker und Eidotter schaumig schlagen. Den Abtrieb mit der Nussmasse und dem Rum verrühren und mit Preiselbeermarmelade abschmecken. Von den Äpfeln oben den Deckel abschneiden und vorsichtig die Kerne entfernen. Die Nussmasse hineinfüllen. Bei 195 °C im Rohr backen, bis die Haut schrumpelig wird. Bratäpfel schmecken am besten mit Vanillesoße.

» Linzer Torte » Punsch » Spekulatius

Was heute als eine besondere Spezialität der Wiener Mehlspeisenküche gilt, hatte schon bei den Römern im 2. Jahrhundert n. Chr. einen Vorläufer: der Gugelhupf. Unter den Kuchenformen, die bei Ausgrabungen etwa in Carnuntum gefunden wurden, waren auch bronzene Formen, die den heutigen Gugelhupfformen stark ähneln.

Es war schon damals bekannt, dass durch die typische Backform mit geschwungenen Rippen und dem Rohr in der Mitte eine vergrößerte Oberfläche entsteht und eine gleichmäßige Zufuhr der Hitze in die Mitte des Teiges erfolgt. Vermutlich symbolisierte die römische Gugelhupfform ursprünglich die rotierende Sonne.

Nach der Römerzeit verschwanden die Gugelhupfmodeln und tauchten erst im 15. Jahrhundert wieder auf.

Die Rezepte fanden vor allem in den Alpenländern rasche Verbreitung, weil die meisten Zutaten wie Mehl, Eier, Butter und als Süßungsmittel Honig von den Bauern selbst produziert werden konnten. Meist wurden kupferne Model und Gugelhupfformen aus verzinnten Kupferblechen verwendet. Auch Conrad Hagger, Küchenmeister der Salzburger Erzbischöfe, gibt in seinem 1719 erschienenen *Neuen Saltzburgischen Koch-Buch* bei einem der „Gogelhopff-Rezepte“ die Anweisung, „ein wohlverzinntes Geschirr“ zu verwenden.

Der Gugelhupf trat von Wien aus seinen Triumphzug durch die Länder der k.u.k. Monarchie an. Ein wesentlicher Grund für seine Popularität war, dass Kaiser Franz Joseph sich einen Gugelhupf zum Frühstück servieren ließ. Diesen bekam er auch bei seinen Aufenthalten in der kaiserlichen Sommerresidenz in Bad Ischl und seinen Besuchen der Hofkammersängerin Katharina Schratt, die ihm dann einen Gugelhupf, selbst gebacken oder frisch aus der Konditorei Zauner angeliefert, serviert haben soll.

Das Wort „Gugelhupf“ leitet sich vermutlich von „gugel“, der Bezeichnung für eine im Mittelalter gebräuchliche, kugelförmige Kapuzenhaube der Marktfrauen, und von „Hupf“ für Hefe ab, die im klassischen Gugelhupfteig als Treibmittel dient.

Gugelhupf

200 g Butter
3 Eier, getrennt
150 g Zucker
ca. 200 ml Milch
375 g Mehl
1 Pkg. Backpulver
1 Pkg. Vanillezucker
1 Prise Salz
2 EL Kakaopulver
Butter und Mehl
für die Form

Butter erst allein, dann mit den Eidottern und Zucker 15–20 Minuten flaumig rühren. Abwechselnd Milch und die Hälfte der Mehlmenge hineinmischen. Das restliche Mehl mit Backpulver und Vanillezucker mischen.
Eiklar mit einer Prise Salz steifschlagen und vorsichtig mit dem Mehl unter die Masse heben. Die Masse in zwei Portionen teilen, den Kakao mit etwas Milch mischen und unter eine Hälfte des Teiges rühren. In eine befettete und bemehlte Gugelhupfform abwechselnd die helle und dunkle Masse einfüllen und den Gugelhupf etwa 1 Stunde bei cirka 170 °C backen. Mit Staubzucker bestreut servieren.

» vanille

Die Viehhirten der ungarischen Ebene nahmen auf ihren langen Wanderungen ein haltbares Fleischgericht mit. Dafür schnitten sie Rinder-, Schaf- oder Schweinefleisch in große Würfel und kochten es in einem schweren eisernen Kessel bis zum Verdampfen der gesamten Flüssigkeit. Das getrocknete Fleisch wurde vor den Mahlzeiten wieder mit Wasser vermischt, erhitzt und als Suppe gegessen. Dieses einfache Gericht der Hirten wurde dann auch nach ihnen benannt, denn das Wort „Gulyás" bedeutet im Ungarischen eigentlich „Rinderhirte".

Der für das Gulasch so typische Paprika kam sicher nicht vor dem 17. Jahrhundert in den Topf. Paprika stammt nämlich gar nicht aus Ungarn. Seine Heimat ist Südamerika. Von dort brachten ihn die spanischen Eroberer nach Europa mit. Daher hieß Paprika auch lange „Spanischer Pfeffer". Nach Ungarn kam der Paprika erst mit türkischen Kriegern und bulgarischen Bauern. Die ungarische Landbevölkerung ersetzte den teuren Pfeffer bald durch selbst hergestelltes Paprikapulver und begann, Speisen damit zu würzen. So wurde auch das Gulaschfleisch damit eingerieben, was ihm einen pikanten Geschmack gab.

Zu Beginn des 19. Jahrhunderts gelangte das Gericht durch Rinderhirten, die aus der Puszta große Rinderherden zu den Viehmärkten in Wien trieben, nach Österreich. 1819 erschien zum ersten Mal ein Gulaschrezept in einem deutschsprachigen Kochbuch. Das dünne Gulasch erhielt in Wien durch die Verwendung des gallertigen Rinderwadschunkens und die Beigabe von viel Zwiebel seine dickere Konsistenz. In der Mitte des 19. Jahrhunderts gehörte es als „Gulyás auf Wiener Art" bereits zu den Standardrezepten der Wiener Küche. Die große Beliebtheit des Gerichts zeigte sich auch daran, dass die bereits 1813 erfundene rollende Feldküche der Armee bald nur mehr „Gulaschkanone" hieß.

Das klassische ungarische „Gulyás" entspricht am ehesten der österreichischen Gulaschsuppe. Was wir als „Gulasch" bezeichnen, nennen die Ungarn „Pörkölt".

Rindsgulasch

1 kg Zwiebeln
1 kg Rindfleisch
2 EL Paprikapulver, edelsüß
2 TL Kümmel
1 TL Majoran
4 Knoblauchzehen, fein gehackt
Salz
Öl zum Anbraten

Die Zwiebel fein hacken, in Öl braun anrösten, das würfelig geschnittene Rindfleisch dazugeben und weiterrösten. Das Paprikapulver hineinstreuen, kurz anrösten und sofort mit Wasser aufgießen. Die restlichen Gewürze zugeben. Öfters umrühren und auf kleiner Hitze gar dünsten.

Tipp: Das Gulasch wird immer besser, je öfter es aufgewärmt wird. Eignet sich auch sehr gut zum Einfrieren.

» Knoblauch

Der Hamburger ist ein amerikanischer Klassiker. Doch seine Wurzeln hat er in Europa. Vor etwa hundert Jahren trat er seinen Siegeszug um die Welt an und hat sich zum weltweit beliebtesten Fleischerzeugnis entwickelt. Schätzungen zufolge machen Hamburger etwa 50 Prozent des weltweiten Rindfleischverbrauchs aus, da ein originaler Hamburger zur Gänze aus Rindfleisch besteht.

Der Begriff „Hamburger“ geht nicht auf das englische „ham“ für Schinken zurück so wie „Cheeseburger“ auf „cheese“ für Käse. Seinen Namen verdankt der Hamburger der Hansestadt Hamburg.

Seine Geschichte reicht jedoch zurück bis ins mittelalterliche Russland. Die zu dieser Zeit dort lebenden Tartaren wollten durch das Kleinhacken das zähe Fleisch der russischen Steppenrinder genießbarer machen. Es wurde roh, mit Salz, Pfeffer und Zwiebeln gewürzt., gegessen. Daran erinnert noch heute das „Beef Tartar“. Seeleute deutscher Handelsschiffe brachten diese Speise aus Russland in ihren Heimathafen Hamburg. Die dort übliche Art der Zubereitung entsprach schon mehr dem heute gebräuchlichen Hamburger. Das Fleisch wurde so lange gebraten, bis es außen knusprig war, innen aber noch roh oder halb gar.

Schließlich gelangten die Fleischlaibchen im frühen 19. Jahrhundert mit deutschen Auswanderern in die Vereinigten Staaten. In einem amerikanischen Kochbuch aus dem Jahr 1842 findet sich erstmals der Begriff „Steak nach Hamburger Art“ für ein Steak aus Rinderfaschiertem. Auf der Weltausstellung 1904 in St. Louis wurden schließlich die faschierten Laibchen mit Senf, Ketchup und Zwiebeln in einem hellen, weichen Brötchen erstmals als „Hamburger“ verkauft.

Die weltweit größte Fast-Food-Kette, deren wichtigstes Produkt Hamburger sind, ist McDonald’s. 1954 in den USA gegründet, wurde 1971 in Deutschland und 1977 in Österreich die jeweils erste Filiale eröffnet. Allein in Österreich gibt es davon mittlerweile annähernd 190 und in Deutschland sogar fast 1500.

Im Hochland von Äthiopien liegt die Urheimat des Kaffeestrauchs. Sein Name leitet sich vom altarabischen Wort „qahwah" ab, was ursprünglich „aus Beeren gekochter Trank" hieß. Die Türken nannten ihn „kahveh", woraus schließlich unser „Kaffee" wurde.

Schon im 11. Jahrhundert kannten die Araber die stimulierende Wirkung des Kaffees und verwendeten ihn als Heilmittel. Seit Mitte des 15. Jahrhunderts wurde Kaffee in Arabien regelmäßig getrunken, und es entstanden die ersten Kaffeestuben. Durch die Ausdehnung des Osmanischen Reiches in der ersten Hälfte des 16. Jahrhunderts kam der Kaffee in alle Teile der beherrschten Gebiete. Die türkisch-arabische Welt bezog damals die Kaffeebohnen fast ausschließlich aus dem Südjemen. Daran erinnert heute noch die Bezeichnung für starken, arabischen Kaffee, den „Mokka", der nach der gleichnamigen jemenitischen Hafenstadt am Roten Meer benannt ist.

Händler aus dem Orient brachten 1595 den ersten Kaffee über Venedig nach Europa. Bereits 1645 öffnete das erste europäische Kaffeehaus auf dem Markusplatz seine Tore. In Wien wurde 1685, also zwei Jahre nach Ende der zweiten Türkenbelagerung, einem gebürtigen Armenier mit griechischem Namen, dem Gewürzhändler Johannes Diodato, das kaiserliche Privileg zum Verkauf des „türkischen Getränks" verliehen. Er war somit der erste Wiener „Kaffeesieder" und steht damit am Beginn der großen Wiener Kaffeehaustradition. Kaffeehäuser waren schon immer ein zentraler Treffpunkt für Künstler. In Wien hat sich insbesondere in der Zeit von 1880 bis 1938 eine starke Gruppe von „Kaffeehausliteraten" gebildet, wie etwa Peter Altenberg, Alfred Polgar oder Arthur Schnitzler.

Auch in Italien entwickelte sich eine Kaffeekultur mit vielen Variationen. Das italienische Nationalgetränk ist aber der Espresso mit einer braunen Crema. 1906 präsentierte der Mailänder Ingenieur Luigi Bezzera die erste automatische Espressomaschine.

Von den Kolonialmächten wurde im 18. Jahrhundert die Kaffeepflanze in alle Länder der Erde gebracht, in denen ideale Wachstumsbedingungen herrschen, den „Kaffeegürtel" entlang des Äquators. Von den etwa 80 bekannten Kaffeepflanzen sind heute nur mehr die Sorten „Arabica" und „Robusta" weltwirtschaftlich relevant.

Espresso mit Gewürz-Vanilleeis (1 Tasse)

1 Msp. Nelkenpulver
1 Prise Zimt
1 Prise Piment
Abrieb von 1 Orange
5 schwarze Pfefferkörner, zerstoßen
100 g Haselnusskrokant
1 Kugel Vanilleeis
1 Espresso in einer größeren Tasse

Die Gewürze und den Orangenabrieb in einer kleinen Schüssel gut vermischen.
Die Kugel Vanilleeis darin wälzen und in eine frische Tasse Espresso setzen. Sofort servieren.

» eis » gewürznelken » pfeffer » zimt

[Kaiserschmarren]

Der Schmarren als ein sehr einfaches ländliches und bäuerliches Gericht wurde in der zweiten Hälfte des 19. Jahrhunderts durch feine Zutaten hoffähig gemacht und mit der Verleihung des Kaisertitels geadelt. Gerade wegen dieser Beförderung wird er heute noch mit Begeisterung gegessen und zählt zu den bekanntesten Mehlspeisen der österreichischen Küche.

Von den Wiener Köchen wurde im 19. Jahrhundert die Bezeichnung „Kaiser" immer dann gewählt, wenn die besondere Güte von Speisen betont werden sollte: Es gibt Kaiserfleisch, Kaisersemmel, Kaiserschnitzel, Kaisergugelhupf oder eben Kaiserschmarren. Wenn auch alle diese Gerichte Kaiser Franz Joseph gewidmet waren, so existieren nur wenige historische Belege, dass er wirklich etwas mit den Speisen zu tun hatte.

Sicher ist, dass der Schmarren ein typisches Essen der Bauern, Almhirten und Holzknechte war. Milch, Eier, Mehl und Schmalz waren auf den Höfen und Almen meist vorhanden, und daraus wurden verschiedene Pfannengerichte gekocht. Alle konnten leicht zubereitet werden und hatten einen hohen Energiegehalt. Die Bezeichnung „Schmarren" ist bereits seit dem 16. Jahrhundert gebräuchlich und hängt mit dem Wort „Schmer" für Schmalz bzw. rohes Schweinefett zusammen. Wir verwenden diesen Ausdruck heute noch bei jedem Brot, das wir „schmieren".

Über die genaue Entstehung des Kaiserschmarrens ranken sich einige Geschichten. So soll Kaiser Franz Joseph bei einem seiner vielen Jagdausflüge im Salzkammergut auf einem „Kaser", also einer Almhütte, einen „Kaserschmarren" serviert bekommen haben. Da natürlich der einfache Schmarren der Almleute und Holzknechte für den Kaiser mit Rosinen, Eiern und Zucker aufgebessert wurde, wandelte sich der „Kaserschmarren" zum vornehmen „Kaiserschmarren".

Eine andere Geschichte berichtet davon, dass der Schmarren von Wiener Köchen als neue Mehlspeise für Kaiserin Elisabeth kreiert wurde. Da sie aber sehr auf ihre Linie bedacht war, aß sie ihn nicht. Ihr Gatte Franz Joseph fand aber großen Gefallen an der süßen Speise.

Kaiserschmarren

150 g Mehl
500 ml Milch
3 Eier, getrennt
Salz
Fett zum Backen
Rosinen nach Geschmack

Milch mit Eidotter und Mehl verquirlen und etwas quellen lassen. Eiklar mit einer Prise Salz steif schlagen. Den Eischnee vorsichtig in die Masse einrühren. Nach Geschmack Rosinen zugeben. Fett in einer Pfanne erhitzen, die Masse einfüllen und auf dem Herd von beiden Seiten goldgelb backen. Mit einer Gabel noch in der Pfanne in Stücke teilen und mit Zucker bestreut servieren.

Dazu passen Zwetschkenröster oder Apfelkompott.

Die ursprüngliche Heimat dieses Nachtschattengewächses liegt in den südamerikanischen Anden. Schon viele Jahrhunderte hatten die Inkas im heutigen Peru und Chile die Kartoffel als Nahrungsmittel angebaut, bevor im 16. Jahrhundert spanische Eroberer die „patata“ nach Europa brachten. Hier fand das botanische Mitbringsel zunächst nur als exotische Blume in fürstlichen Gärten Verbreitung. Anfangs war die Skepsis der Bevölkerung groß, da es durch falsche Verwendung der giftigen oberirdischen Teile der Pflanze häufig zu schweren Vergiftungen kam. Es brauchte daher einige Zeit, bis die Kartoffel akzeptiert wurde. Mit ihrer Verbreitung bürgerte sich in vielen Gebieten auch der Name „Erdapfel“ ein. Eines der frühesten Zeugnisse der Verwendung der Kartoffel als „Erdäpfelsalat“ gibt der Agrargelehrte Wolf Helmhard Freiherr von Hohberg 1682 in seinem Buch *Adeliches Land- und Feld-Leben*: „Man kocht die indianischen Papas und isst sie kalt mit Öl, Essig, Pfeffer und Salz“. Hohberg lebte in unmittelbarer Nähe des niederösterreichischen Benediktinerklosters Seitenstetten, in dem bereits 1621 die ersten Kartoffeln angebaut wurden.

Vom Preußenkönig Friedrich dem Großen wird eine Anekdote berichtet, wie er den Anbau von Kartoffeln förderte. Er hatte den Wert der Erdäpfel für die Ernährung der Bevölkerung erkannt und erließ 1720 einen staatlichen Befehl zum Kartoffelanbau, der aber nur ungenügend befolgt wurde. Um die ablehnende Haltung zu brechen, setzte er auf die menschliche Neugierde. Er ließ Kartoffeln auf seinen Feldern anbauen und zum Schein von Soldaten bewachen. Dies erregte die Aufmerksamkeit der Menschen, die heimlich Knollen ausgruben, um sie auf ihre Feldern zu setzen.
Im späten 18. Jahrhundert wurde die Kartoffel endgültig zum Volksnahrungsmittel und trug über Jahrhunderte maßgeblich zur Ernährungssicherheit in ganz Europa bei. Durch die Kartoffelfäule bedingte Kartoffel-Missernten zwischen 1845 und 1849 führten in Irland zu einer großen Hungersnot. Es starben etwa eine Million Iren, zwölf Prozent der damaligen Bevölkerung. Zwei Millionen Iren entkamen dem Hunger durch die Auswanderung nach Übersee. Heute versorgt die Kartoffel als eines der wesentlichsten Grundnahrungsmittel etwa zwei Drittel der Weltbevölkerung.

Kartoffelteig

Für Knödel, Gnocchi und Mohnnudeln

1 kg mehlige Kartoffeln
ca. 500 g Mehl
Salz
1–2 Eier

Die Kartoffeln werden gekocht, geschält, noch heiß durch eine Kartoffelpresse gedrückt und mit den übrigen Zutaten rasch zu einem Teig vermengt, der sofort weiterverarbeitet werden muss. Kartoffelteig kann man kochen oder im Rohr oder auf dem Herd in Fett backen. Wird er gekocht, so soll dies stets unzugedeckt erfolgen, bis die Kartoffelknödel oder Nudeln an die Wasseroberfläche kommen.

[ketchup]

Das Ketchup stammt aus Amerika. Weit gefehlt! Ausgerechnet das Ketchup, dieses vermeintlich uramerikanische Produkt wurde nicht von den Amerikanern erfunden. Sie haben zwar die Tomaten ergänzt, erfunden wurde es aber in China.

Dort wird seit jeher eine spezielle pikante Soße zu Fisch und Geflügel gereicht. Sie bestand ursprünglich aus zu Brei verarbeiteten Muscheln, Fisch, Salz und Gewürzen und wurde „kâtsiap“ genannt. Von China gelangte die Soße nach Malaysia und hieß dort „kechap“. Zu Beginn des 18. Jahrhunderts brachten britische Seeleute sie mit nach Hause. Das „ketchup“ erlangte bei den Engländern sehr rasch große Beliebtheit, und die Würzsoße wurde auch von den Amerika-Auswanderern mitgenommen. Aber erst in Amerika kam dann die Tomate ins Ketchup.

Anfang des 19. Jahrhunderts erschien in den USA das erste Rezept für eine Würzsoße mit pürierten Tomaten. Die hauseigene Herstellung von Ketchup war aber sehr aufwendig. 1876 entwickelte Henry John Heinz (1844–1919), ein Sohn deutscher Einwanderer in Amerika, die geheime und bis heute unveränderte Ketchup-Rezeptur. Er begann die industrielle Massenproduktion von in Flaschen abgefülltem Ketchup und fand damit den Weg in fast alle amerikanischen Haushalte.

Einige Jahre zuvor hatte Heinz bereits eine andere geniale Neuerung eingeführt. Er verkaufte eingelegte Gurken in Glasflaschen, um seinen Kunden freie Sicht auf die Produkte zu ermöglichen. Mit dieser Idee wurde er in einer Zeit zum Verpackungspionier, da viele Lebensmittel in Fässern verkauft und so Qualitätsmängel verschleiert wurden.

Bei uns ist das Tomatenketchup ein vergleichsweise junges Produkt. Am Beginn des 20. Jahrhunderts war es zuerst nur als Importware in Delikatessengeschäften erhältlich. Im Kochbuchklassiker *Was koche ich heute?* aus dem Jahr 1932 wurde zur Verfeinerung einiger Gerichte die Verwendung von Ketchup empfohlen. Erst nach 1945 wurde Ketchup durch die britischen und amerikanischen Besatzungssoldaten einer breiteren Masse bekannt und kam um 1950 in großem Umfang in den Handel.

Ketchup

- 500 g geschälte Tomaten im eigenen Saft
- 5 Zwiebeln
- 5 rote Spitzpaprika
- 3 Knoblauchzehen
- 150 g Salz
- je 200 g brauner und weißer Zucker
- 75 g Dijonsenf
- 50 ml Essig (weiß)
- je 20 g schwarzen und weißen Pfeffer
- 1 Chilischote (nach Geschmack)
- 5 Lorbeerblätter

Die Tomaten pürieren. Dann Zwiebel und Knoblauch schälen, Paprika und Chili entkernen. Alles klein schneiden und im Rohr mit den Lorbeerblättern schmoren, bis die Zutaten weich sind. Lorbeerblätter entfernen, dann pürieren und mit Salz, Pfeffer, Zucker, Senf und Essig unter die pürierten Tomaten rühren.

» essig » knoblauch » pfeffer » senf

Der sehr populäre Aperitif und Cocktail Kir verdankt seinen Namen dem Domherrn und Bürgermeister von Dijon namens Felix-Adrien Kir.

Geboren 1876, wurde er 1901 zum Priester geweiht und 1931 zum Kanonikus in Dijon bestellt. Während des Zweiten Weltkrieges war er Mitglied der Résistance, wurde zum Tod verurteilt, begnadigt und überlebte ein Attentat nur knapp. 1945 wurde Kir Bürgermeister von Dijon, ein Amt, das er 23 Jahre lang, bis zu seinem Ableben 1968 bekleidete. Weiters war er in den Jahren 1953 bis 1967 Alterspräsident der französischen Nationalversammlung und setzte sich sehr für die deutsch-französische Aussöhnung ein, wofür er sogar mit dem deutschen Bundesverdienstkreuz ausgezeichnet wurde.

Das Getränk Kir ist eine Mischung aus trockenem Weißwein und „Crème de Cassis", einem Likör aus schwarzen Johannisbeeren. Felix-Adrien Kir hat dieses Getränk aber nicht erfunden. Bereits seit Mitte des 19. Jahrhunderts wurde es in Dijon als Aperitif geschätzt und als „Blanc Cassis" bezeichnet. Durch Felix-Adrien Kir wurde der Mix aber erst richtig bekannt, weil er ihn zum Begrüßungsgetränk bei offiziellen Empfängen im Rathaus erhob. Das Getränk wurde durch ihn so populär, dass es heute sogar seinen Namen trägt.

In der Gegend von Dijon, der Hauptstadt der französischen Region Burgund, wird schon seit 1841 Crème de Cassis produziert. Auch heute noch gibt es dort eine Vielzahl von Likörfabriken. Nach dem Originalrezept kommen auf einen Teil Crème de Cassis sieben Teile Wein, wobei zuerst Cassis in das Glas gegeben und erst dann mit Weißwein aufgegossen wird.

Bei der „königlichen Variante", dem „Kir Royal", wird der Wein durch Sekt oder Champagner ersetzt. Einen wahren Boom erlebte der „Kir Royal" durch die in der Münchner Schickeria spielende gleichnamige Fernsehserie aus dem Jahr 1986 über den Boulevard-Reporter Baby Schimmerlos.

Knoblauch ist eine der ältesten Kulturpflanzen in unseren Breiten. Schon vor 5000 Jahren ist er aus den Steppen Kirgisiens über Vorderasien und Ägypten nach Europa eingewandert. Die alten Griechen und Römer schätzten ihn sehr.
Seit jeher wusste man um seine Heilkräfte – er wirkt zum Beispiel blutdrucksenkend – und man glaubte an seine lebensverlängernde Wirkung. Die heilige Hildegard von Bingen benutzte Knoblauch gegen Gelbsucht. Paracelsus, der berühmteste Arzt des 16. Jahrhunderts, der in Salzburg starb und auf dem Sebastiansfriedhof begraben liegt, empfahl ihn sowohl als Mittel gegen die Pest als auch gegen Würmer und Koliken.
Vielfältig und häufig ist die Verwendung in der heutigen Küche: als ganze Zehe, als fein geschnittene Scheibchen, als Knoblauchsaft oder als Knoblauchbrei.
Rund um das Mittelmeer ist Knoblauch insbesondere wegen seiner Lebensmittel konservierenden Eigenschaften beliebt, und er wird aufgrund dessen auch in der Lebensmitteltechnik eingesetzt.
So kombinieren etwa die Nachkommen der alten Römer den Knoblauch mit der italienischen Nationalspeise Pasta, unter Beigabe von Olivenöl und Pfefferoni, was den Knoblauchklassiker „Spaghetti aglio e olio“ ergibt.
Zu Salaten und gegrillten Fleischspeisen passt ein griechisches Tsatsiki mit viel gehacktem Knoblauch. Es dürfte ursprünglich aus Mesopotamien stammen. Bereits in antiker Zeit ist im heutigen Irak eine Variante hergestellt worden. Mit der Eroberung des Byzantinischen Reiches durch die Osmanen im Jahr 1453 hat es schließlich Einzug in die griechische Küche gehalten.
Ein klassisches Gericht mit viel Knoblauch aus der Wiener Küche ist der „Vanillerostbraten“. Trotz seiner Bezeichnung enthält er keine Vanilleschoten, sondern Knoblauch. Vanille war ein exotisches und wertvolles Gewürz, das sich nur die reichsten Haushalte leisten konnten. In den anderen Haushalten ersetzte man die Vanille, auch wenn geschmacklich kaum vergleichbar, durch Knoblauch. So bekam er den Beinamen „Vanille des kleinen Mannes“.

Tsatsiki

500 g Joghurt
1 Salatgurke
2–3 Zehen Knoblauch
Salz, Pfeffer
Dill zum Garnieren

Joghurt in ein Tuch geben und in einem Sieb über Nacht abtropfen lassen. Die Gurke schälen, grob in eine Schüssel reiben und salzen. Durch das Salz verliert die Gurke Wasser. Knoblauch fein hacken. Nach etwa 15 Minuten die Gurke ausdrücken und mit dem Knoblauch und dem Joghurt vermischen. Mit Salz und Pfeffer würzen und mit fein gehacktem Dill garnieren.

» pfeffer

Diese Köstlichkeit aus Germteig ist in der „närrischen Zeit" nicht mehr wegzudenken.
Nach einer kulinarischen Legende soll die Erfindung des Krapfens auf die Wiener Kuchenbäckerin Cäcilie Krapf, genannt Cilli, zurückgehen. In ihrem Geschäft wurden sogenannte „Cillikugeln" gefertigt und mit Früchten gefüllt. Schmalzgebäcke, die unserem Krapfen vergleichbar waren, gab es aber schon lange vor Cäcilie Krapf. Auch sie gehen wie viele unserer Speisen vermutlich auf die Römer zurück.
Diese kannten bereits ein Fettgebäck mit dem Namen „globuli", also Kügelchen. Durch die römischen Truppen dürfte dieses über die Alpen in den Norden gekommen sein. Bereits im 9. Jahrhundert war ein Gebäck mit dem althochdeutschen Namen „krapfo" für gebogene Kralle bzw. Haken bekannt. Der Name „Krapfen" dürfte also von seiner ursprünglich hakenförmigen Gestalt herrühren. Bereits im 12. Jahrhundert gab es in Wien „Krapfenpacherinnen". Für diese speziellen Bäckerinnen wurden bereits in der „Kochordnung" der Stadt Wien 1486 genaue Anweisungen erlassen, wie Krapfen auszusehen hatten. Schmalzgebackenes war sehr beliebt und wurde das ganze Jahr gegessen, weil in jedem Haushalt im Gegensatz zu einem Backofen eine Schmalzpfanne vorhanden war.
Die Legende über Cäcilie Krapf dürfte ein Körnchen Wahrheit enthalten. Für ihre „Cillikugeln", die bei einem Hofball gereicht wurden, wurde sie so berühmt, dass während des Wiener Kongresses allein im Jahr 1815 an die zehn Millionen Krapfen bei offiziellen Kongressempfängen und Bällen verspeist worden sein sollen.
Krapfen wurden früher wie heute traditionell im Fasching gegessen. Statt Broten wurden die wesentlich nährstoffreicheren Krapfen gebacken, damit man davon möglichst gestärkt die lange Fastenzeit besser überstehen konnte. Jedes Jahr werden in Österreich etwa 100 Millionen Krapfen verspeist, davon die Hälfte in der Faschingszeit.

Faschingskrapfen
ca. 10 Stück

Teig:
500 g Mehl
250 ml Milch
3–5 Eidotter
Abrieb von ½ Zitrone
40 g Butter
60 g Zucker
40 g Germ
2 cl Rum
Fülle:
80 g Marillenmarmelade
Fett zum Ausbacken

Aus den Zutaten einen weichen Germteig rühren, sehr gut abschlagen und etwa 1 Stunde gehen lassen. Auf einem bemehlten Brett den Teig ½ cm dick ausrollen und mit einem Krapfenausstecher oder einer großen Tasse Kreise ausstechen. Auf jede zweite Scheibe in die Mitte etwas Marillenmarmelade setzen und eine leere Scheibe mit der bemehlten Seite nach oben darauflegen. Beide Teile am Rand fest zusammendrücken und mit einem kleineren Krapfenausstecher oder einer etwas kleineren Tasse die eigentlichen Krapfen ausstechen. Auf ein bemehltes Tuch legen, abdecken und nochmals 20 Minuten gehen lassen. In einer Pfanne Fett erhitzen (nicht zu heiß werden lassen), den Faschingskrapfen verkehrt hineinlegen, braun backen, umdrehen und auf der zweiten Seite hellgelb backen.

Der Lebkuchen mit all seinen regional unterschiedlichen Bezeichnungen und Variationen gehört heute zur Weihnachtszeit wie der Christbaum. Lebkuchen gibt es mit Zuckerguss, mit Schokoladenüberzug, mit Nüssen, Mandeln oder mit Marmeladefüllung. Aus Lebkuchen werden auch die „Pfefferkuchenhäuschen" gebaut, die auf das Märchen von „Hänsel und Gretel" der Gebrüder Grimm zurückgehen.

In der auch heute noch gebräuchlichen Form wurde der Lebkuchen in den fränkischen Klöstern erfunden. Einfache Honigkuchen gab es schon lange, aber beim Lebkuchen wurde der Teig mit erlesenen Zutaten verfeinert, und erstmals verwendete man Oblaten als Unterlage. Das Wort „Lebkuchen" stammt vermutlich vom lateinischen Wort „libum" ab, was „Fladen" oder auch „Opferkuchen" bedeutet. Als „Pfefferkuchen" wurde er bereits 1296 erwähnt. Für die Herstellung von Lebkuchen werden Gewürze aus fernen Ländern benötigt. Die Bezeichnung „Pfefferkuchen" geht auf die damals übliche Zusammenfassung aller exotischen Gewürze als „Pfeffer" zurück. Die fränkische Stadt Nürnberg war damals ein Handelsplatz für die Gewürze des Orients.

Gegen Ende des 14. Jahrhunderts taucht in Nürnberger Urkunden erstmals die Bezeichnung „Lebkuchen" auf. In einem Rechnungsbuch von 1395 wird ein „Lebküchner" erwähnt. Es ist schnell zu einer Spezialisierung jener Bäcker gekommen, die Lebkuchen herstellen, sie wurden auch „Lebzelter" genannt. 1643 wurde in Nürnberg eine eigene Lebküchnerzunft gegründet. Bis heute ist die Tradition der Lebkuchenbäckerei lebendig. Trägt ein Produkt die Bezeichnung „Nürnberger Lebkuchen", ist das eine Garantie dafür, dass es auch tatsächlich aus Nürnberg stammt, da es sich um eine „geschützte geografische Angabe" handelt.

Der Nürnberger „Elisen-Lebkuchen" ist der qualitativ beste Oblatenlebkuchen. Er wurde nach der Tochter eines Nürnberger Lebzelters benannt. Die Lebkuchenmasse muss mindestens 25 Prozent Nüsse und Mandeln enthalten, und es dürfen höchstens 10 Prozent Mehl beigegeben werden.

Lebkuchen

360 g Mehl
220 g Zucker
110 g Honig
3 Eier
½ Pkg. Backpulver
Lebkuchengewürz

Aus den genannten Zutaten einen Teig kneten, 3–5 mm dick auswalken, Formen ausstechen und bei 180 °C 25–30 Minuten backen. Auskühlen lassen und je nach Geschicklichkeit mit Zuckerglasur verzieren.

Die „Linzer Torte" ist die am längsten bekannte Torte der Welt. Das älteste überlieferte Rezept stammt aus dem 17. Jahrhundert. Die Aufzeichnung aus dem Jahr 1653 wurde in der Bibliothek des Benediktinerstiftes Admont in der Steiermark entdeckt. Es handelt sich um das handgeschriebene Kochbuch der Gräfin Anna Margarita Sagramosa aus der Krain, die in eine Veroneser Adelsfamilie einheiratete. Ihr Kochbuch enthält vier Rezeptvariationen, die alle „Linz" im Namen tragen. Somit ist die Linzer Torte warscheinlich das älteste Gebäck der Welt, das seinen Namen nach einem Ort, nämlich nach der Hauptstadt Oberösterreichs, erhalten hat und eine geografische Zuordnung erlaubt.

Das erste gedruckte Rezept des „Guten und suessen Lintzer-Taiges" erschien 1719 im *Neuen Saltzburgischen Koch-Buch* des Conrad Hagger, der 27 Jahre lang Koch bei den Salzburger Fürsterzbischöfen war.

Das 18. Jahrhundert war die große Blütezeit der Linzer Torte. Es entwickelten sich annähernd 200 Variationen. Für die enorme Verbreitung der Torte sorgte auch Johann Conrad Vogel, der 1822 aus Franken nach Linz kam und dort die Witwe eines Bäckers heiratete. Durch Massenproduktion und Versand machte er die Torte bekannt und galt sogar lange Zeit als ihr Schöpfer.

Sicher falsch ist die immer wieder überlieferte Vermutung, dass ein Wiener Bäcker namens „Linzer" die Torte erfunden haben soll. Diese Behauptung geht auf den Wiener Schriftsteller und Satiriker Alfred Polgar (1873–1955) zurück, der sie in der Glosse „Städte, die ich nie erreichte" aufstellte. Ein Zuckerbäcker dieses Namens ist aber in den historischen Zunftaufzeichnungen nicht zu finden. Außerdem wurden Torten früher nach ihrem Herkunftsort, nicht aber nach dem Koch benannt.

Der Lyriker Ernst von Wildenbruch (1845–1909) huldigte der Torte in einem Gedicht auf Linz mit dem Schlussvers: „Was sind aller Dichter Worte gegen eine Linzer Torte."

Linzer Torte

Teig:
250 g glattes Mehl,
150 g geriebene Mandeln
150 g Butter
3 Eidotter
Zimt, Zitronensaft,
Salz, Nelkenpulver

Fülle:
300 g Ribiselmarmelade
100 g geriebene Mandeln
Saft von ½ Zitrone

Aus den Zutaten für den Teig einen festen Mürbteig kneten und kurz rasten lassen. Etwa ⅓ des Teiges für das Gitter beiseite stellen. Den restlichen Teig ausrollen und eine Springform damit auslegen. Für die Fülle die Marmelade mit dem Zitronensaft und den geriebenen Mandeln mischen und auf den Tortenboden streichen. Den restlichen Teig ausrollen, mit einem Teigrad Streifen ausradeln und diese kreuzweise über den Tortenboden legen. Die Torte bei 180 °C ca. 40 Minuten backen.

» Nelken » Zimt

[Malakofftorte]

Der sehr russisch klingende Name der Malakofftorte lässt die Vermutung zu, dass es sich bei dieser in Österreich besonders beliebten Tortenspezialität um eine russische Kreation handelt. Das ist jedoch ein Trugschluss. Sie kommt aus Frankreich und ist in Russland fast völlig unbekannt.

Die Malakofftorte erinnert an den Krimkrieg zur Mitte des 19. Jahrhunderts, bei dem Russland gegen die Türkei, Großbritannien und Frankreich kämpfte.

Das Fort Malakoff war eines der Befestigungswerke der damals russischen und heute ukrainischen Stadt Sewastopol auf der Krim. Die Eroberung des Forts Malakoff im September 1855 unter dem Befehl des französischen Generals Aimable Pélissier führte zur Einnahme der gesamten Festung Sewastopol und schließlich zur siegreichen Beendigung des Krieges. Pélissier wurde für diesen Erfolg zum Marschall von Frankreich befördert. Bei seiner Rückkehr nach Frankreich adelte ihn Kaiser Napoleon III. zum „Duc de Malakoff", zum „Herzog von Malakoff".

Um den Feldherrn für seinen Sieg zu ehren, benannten die französischen Konditoren auch eine besondere Tortenkreation nach ihm. Aber nicht nur die Torte, sondern auch die Gemeinde „Malakoff", die südlich an Paris grenzt, trägt seinen Namen.

Über die Kämpfe auf der Krim und die lange Belagerung wurde in der europäischen Presse intensiv berichtet, sodass die Festung auf dem Malakoff-Hügel bei Sewastopol zu einem stehenden Begriff für mächtige Bauten wurde. In ganz Europa wurden daraufhin auch verschiedene große Turmbauten, wie etwa die Fördertürme im Ruhrgebiet, als „Malakoff-Türme" bezeichnet.

Noch eine zweite kulinarische Spezialität ist nach Malakoff benannt. Mit Käse bestrichene und frittierte Brote werden im Schweizer Kanton Waadt am Genfer See als „Malakoffs" bezeichnet. Unter französischer Flagge kämpften bei Sewastopol nämlich auch Schweizer Söldner, die im Andenken an den Feldzug dieser Käseschnitte den Namen gegeben haben.

Malakofftorte

2 Eidotter
200 g Zucker
500 ml Milch
2 EL Rum
50 g Vanillepuddingpulver
80 g geriebene Haselnüsse
400 ml Schlagobers
6 Blatt Gelatine
1 Tortenboden aus Biskuit (siehe Seite 39, Dobostorte)
1 Packung Eierbiskotten
Milch zum Tunken
gehobelte Mandeln

Eidotter mit Zucker, Milch, Rum, Puddingpulver und den Nüssen in einem Topf vermengen. Erhitzen, aber nicht aufkochen, damit das Ei nicht stockt. Währenddessen die Gelatineblätter ein paar Minuten in kaltes Wasser einlegen und gut ausdrücken. Dann in der heißen Masse auflösen und abkühlen lassen. Eine Springform mit einem hellen Biskuitboden auslegen. Das geschlagene Obers unter die ausgekühlte Masse heben und abwechselnd mit in etwas Milch getunkten Biskotten auf dem Biskuitboden verteilen. Mit Creme abschließen und die Torte kalt stellen, bis die Creme fest ist. Die Torte mit Schlagobers und in Schokolade getunkten Biskotten und gehobelten Mandeln verzieren.

Die Marille stammt aus China, wo sie schon seit mindestens 2000 v. Chr. gegessen wird. Über die asiatischen Handelswege gelangte sie in die Länder um das Mittelmeer und nach ganz Europa. Schon in römischer Zeit wurde an der Donau Obstbau betrieben. Der in Österreich gebräuchliche Ausdruck „Marille" für Aprikose leitet sich wahrscheinlich von der lateinischen Bezeichnung „armeniaca", also „aus Armenien stammend", ab.

Für das Gebiet von Arnsdorf in der Wachau ist die älteste namentliche Nennung dieser Frucht im Archiv des Klosters St. Peter in Salzburg zu finden. Am 15. April 1679 berichtet der „Löß-Commissary", der Lesmeister des Stiftes über Bäume, die damals in Oberarnsdorf in den Weingärten des Stiftes St. Peter standen, und führt dabei an: „Nuß, Pfersich, Mariln, Mandeln". Arnsdorf, benannt nach dem Salzburger Erzbischof Arn (785–821), ist auch heute noch die größte Marillenanbaugemeinde Österreichs und gehörte bis 1803 tausend Jahre lang zum Erzbistum Salzburg. Die verstärkte Anpflanzung von Marillenbäumen in der Wachau erfolgte nach der Verwüstung eines großen Teils der Weingärten durch die Reblaus um 1890. Seither ist der Marillenanbau mit derzeit etwa 100 000 Marillenbäumen ein wesentlicher Erwerbszweig und typisch für die Wachau.

Die Ernte der Marillen muss mit der Hand erfolgen und ist sehr arbeitsaufwendig, wobei der unterschiedliche Reifungsgrad der Früchte oftmaliges Durchernten erfordert.

Dazu wird häufig die „Wachauer Marillenzistel" verwendet, ein traditioneller Pflückkorb, dessen unteres Ende spitz zuläuft und die Handhabung zwischen den Ästen erleichtert.

Die Wachau ist ideal für das Gedeihen der Marille, da das örtliche Klima, insbesondere der hohe Temperaturunterschied zwischen Tag und Nacht, für die Ausbildung der Geschmacks- und Inhaltsstoffe günstig ist. Das Aroma der „Wachauer Marille" ist so typisch, dass ihr Name von der Europäschen Union zur „Geschützten Ursprungsbezeichnung" erklärt wurde.

Marillenknödel

Teig:
250 g Mehlspeistopfen
1 Ei
4–6 EL Brösel
1 Prise Salz

Fülle:
8–10 Marillen

Zum Wälzen:
30 g Butter
50 g Brösel
50 g geriebene Nüsse
etwas brauner Zucker

Aus Topfen, Ei, Bröseln und einer Prise Salz einen Topfenteig bereiten und kurz rasten lassen. Butter in einer Pfanne schmelzen, Brösel, Nüsse und Zucker darin anrösten und beiseite stellen. Den Teig in 8–10 Portionen aufteilen und Flachdrücken. Auf jede Portion eine Marille setzen und Knödel formen. Diese in reichlich kochendem Salzwasser garen, bis sie an die Oberfläche kommen. In der Butter-Brösel-Mischung wälzen und mit Staubzucker bestreut servieren.

Tipp: Sind die Marillen noch nicht ganz reif, die Früchte halbieren und mit einem Stück Würfelzucker, der in Marillenlikör getränkt wurde, füllen.

In den kalten Wintermonaten sind Stände, die geröstete, heiße Maroni verkaufen, aus dem Straßenbild der Städte nicht mehr wegzudenken. Aber schon in der Antike wurden Maroni gerne gegessen. Bei den alten Griechen und den Römern wurden sie zum Wein gereicht. Mit der Ausdehnung des römischen Reiches verbreitete sich auch die Kastanienkultur. Sogar nördlich der Alpen schlugen die Esskastanienbäume ihre Wurzeln. Bereits um das Jahr 800, beim Bau des Klosters in St. Gallen waren Kastanien als Bestandteil des Gartens schon auf dem Plan eingezeichnet.

Maroni waren lange Zeit eines der Grundnahrungsmittel für die ärmere Bevölkerung und besonders im Winter eine zentrale Nahrungsquelle. Aus ihnen wurde Mehl hergestellt und zum „Brot der Armen" verbacken. Erst die Kartoffel verdrängte die Maroni vom Speiseplan.

Die heilige Hildegard von Bingen (1098–1179) schätzte die Edelkastanie sehr: „Alles an ihm [Maronibaum] und auch seine Frucht ist nützlich gegen jede Schwäche, die im Menschen ist." Sie empfahl sie zur Stärkung des Herzens, der Leber, der Milz, des Gehirns und der Nerven. Zudem soll sich die Edelkastanie positiv auf das Gemüt auswirken.

Die Edelkastanie, die nicht mit der bei uns heimischen Rosskastanie verwandt ist, gehört zu den Buchengewächsen und stammt ursprünglich aus dem Kaukasus. Heute sind die wichtigsten Anbauländer jene in den gemäßigten Klimazonen des Mittelmeerraumes, vor allem Italien, Korsika, Spanien, Portugal und die Türkei.

Im Vergleich zu anderen Nüssen weisen Maroni mit nur 2 Prozent Fett und nur knapp 200 kcal pro 100 g wesentlich geringere Fett- und Energiewerte auf. Walnüsse und Haselnüsse enthalten etwa 60 Prozent Fett und haben circa 650 kcal pro 100 g. Dafür haben Maroni einen mit 40 Prozent hohen Anteil an Kohlehydraten, und auch der Ballaststoffgehalt ist hoch.

Maroni sind sehr wurmanfällig. Wurmstichige Maroni erkennt man daran, dass sie in Wasser eingelegt an der Oberfläche schwimmen, während gute und wurmfreie Maroni zu Boden sinken.

Kastanienreis

- 1 kg Maroni
- 100 g Staubzucker
- 2 cl Rum
- 250 ml Schlagobers

Die Kastanien einritzen und in reichlich Wasser mindestens 30 Minuten sehr weich kochen. Dann schälen und durch ein Sieb passieren. Mit Staubzucker und Rum vermischen. Die Masse für den „Reis" durch ein grobes Sieb oder eine Kartoffelpresse drücken. Das Dessert mit steif geschlagenem Obers dekoriert servieren.

Tipp: Tiefgefrorenes Maronipüree verkürzt die Zubereitungszeit.

Marzipan kommt ursprünglich aus Vorderasien – wahrscheinlich aus Persien, wo es üblich war, Mandeln anstelle von Honig mit Zucker zu süßen. Die Kenntnisse zur Zuckerherstellung stammten aus Indien, wo vermutlich die Kristallisation reinen Zuckers aus dem Saft des Zuckerrohrs entdeckt wurde. Durch den Handel über das Mittelmeer kamen die Waren und auch das Wissen nach Europa.
Italienische Hafenstädte waren ein wichtiger Umschlagplatz für orientalische Spezialitäten. Das ist vielleicht der Grund dafür, dass das Wort „Marzipan" aus dem Italienischen entlehnt wurde. Es leitet sich von „marzapane" her, was im neapolitanischen Dialekt „Schachtel" bedeutet. Dies erklärt sich dadurch, dass Marzipanteig in Holzschachteln aufbewahrt und transportiert wurde. Es dürfte also das Wort für die Verpackung auf den süßen Inhalt der Schachtel selbst übertragen worden sein.
Marzipan war für viele Jahrhunderte wegen des seltenen und daher sehr teuren Zuckers eine Kostbarkeit. Aufgrund des Zuckergehalts sagte man ihm kräftigende und heilende Wirkungen nach. Daher wurde Marzipan zuerst auch nur in Apotheken hergestellt. Dies änderte sich erst Mitte des 19. Jahrhunderts, da in ganz Europa vermehrt Zuckerrüben angebaut wurden und Zucker industriell hergestellt werden konnte. Der Zucker entwickelte sich damit vom Luxusartikel zu einem Volksnahrungsmittel.
Die europäische Hauptstadt der Marzipanproduktion ist die Hansestadt Lübeck, in der die Konditoren nach 1800 die Marzipanherstellung zur Blüte brachten. Die klassische Rezeptur für Marzipan besteht aus geschälten Mandeln, Zucker und Rosenwasser. Je höher der Mandelanteil, desto hochwertiger ist diese Spezialität. Marzipan der Spitzenqualität, etwa „Edelmarzipan", besteht aus 70 Prozent Marzipanrohmasse und 30 Prozent Zucker. Das eigentlich gelbe Marzipan kann durch die Zugabe von Pistazien grün gefärbt werden. Dieses Marzipan findet sich zum Beispiel im Inneren der Mozartkugel.

Marzipan-Stollen
Christstollen-Variante

Den Christstollen wie auf Seite 31 beschrieben zubereiten. Den Teig etwas breiter auswalken. 200 g Marzipan zu einem Strang ausrollen, dieses in den Stollenteig einschlagen und den so gefüllten Stollen wie im Rezept angegeben backen.

Marzipankartoffeln

250 g Marzipan
Kakaopulver

Marzipan gut walken, sodass es weich wird, und daraus Miniatur-Kartoffeln formen. Für die braune „Kartoffelfarbe" in Kakaopulver wälzen.

Der Geburtsort der Mayonnaise ist die heute zu Spanien gehörende Baleareninsel Menorca. Diese, nordöstlich von Mallorca gelegen, wurde 1756 von den Franzosen unter dem Kommando von Herzog Richelieu, einem Großneffen des berühmten Kardinals, aus britischer Herrschaft erobert. Keine drei Monate blieb der Marschall auf Menorca. Er war am 18. April auf der Insel gelandet und stach am 7. Juli wieder in See. Begleitet einerseits von einem großen militärischen Erfolg, da er den Briten Menorca entrissen hatte, andererseits von einer großartigen kulinarischen Beute, der Mayonnaise. Ihr Erfolg erwies sich als wesentlich dauerhafter als der militärische Sieg.

Die Mayonnaise dürfte als ursprüngliche Basis die spanische Aioli haben, bei der mit dem Mörser verriebener Knoblauch und Öl zu einer Emulsion aufgeschlagen werden. Die erste schriftliche Erwähnung dieser Kreation geht schon auf das Jahr 1024 zurück. Daher war die kalt hergestellte Soße aus rohem Eigelb und Olivenöl auch auf Menorca schon lange bekannt. Herzog Richelieu kostete sie erstmals in der Inselhauptstadt Mahón und war davon begeistert. Er nahm das Rezept für diese „Soße aus Mahón" mit nach Frankreich. Dort wurde sie von den Köchen als „Mahónnaise" weiterentwickelt, verfeinert und vor allem zu kalten Fleischgerichten gereicht. Aus der „Mahónnaise" wurde wegen der Probleme der Franzosen ein „h" auszusprechen schließlich „Mayonnaise".

Sie galt aufgrund der relativ aufwendigen Herstellungsweise und wegen des guten Geschmacks als besondere Delikatesse. Mit der Erfindung des elektrischen Mixers und der dadurch möglichen industriellen Produktion im großen Stil verlor die Mayonnaise ihren Ruf als exquisite „Soße aus Mahón". Die erste industrielle Mayonnaise kam in Europa 1951 auf den Markt.

Da der Kaloriengehalt einer herkömmlichen Mayonnaise etwa 700 kcal pro 100 g beträgt, ist der Trend zu fettreduzierten Produkten gerade in diesem Bereich besonders ausgeprägt.

Mayonnaise

1 Ei
1 Eidotter
ca. 200 ml Öl
1 EL scharfer Senf
Saft von ½ Zitrone
Salz, Pfeffer

Ei und Dotter gemeinsam mit Senf und Zitronensaft in ein hohes Gefäß füllen, salzen und pfeffern. Mit dem Pürierstab aufmixen, gleichzeitig in einem dünnen Strahl so viel Öl hineingießen, bis die Masse emulgiert und eindickt. Wichtig ist, dass alle Zutaten Zimmertemperatur haben. Die Mayonnaise abschmecken. Durch nachträgliche Zugabe von Joghurt wird die Mayonnaise leichter.

» pfeffer » senf

Von seiner süditalienischen Heimat aus hat der Mozzarella die ganze Welt erobert. Die Pizza wäre ohne den schmelzenden Käse nicht denkbar. Als Vorspeise wird er als „Insalata Caprese“ – Mozzarella auf Tomaten mit Basilikum – serviert.
Zur Herstellung des echten und traditionellen Mozzarella wird ausschließlich Milch von Wasserbüffeln verwendet. Aufgrund der großen Nachfrage werden die weißen Bällchen jetzt aber in großen Mengen auch aus Kuhmilch hergestellt, die dann in Italien auch „fior di latte“, also „Milchblüte“, heißen.
Wasserbüffelherden werden heute hauptsächlich in den fruchtbaren Ebenen von Kampanien, also der Gegend um Neapel, aber auch in Latium sowie in der Gegend um Foggia in Apulien gehalten.
Seit jeher wurden Wasserbüffel als Lasttiere in den feuchten Flussniederungen eingesetzt. Wasserbüffel geben wesentlich weniger Milch als Kühe, nämlich höchstens sieben bis zehn Liter am Tag. Dafür hat ihre Milch mehr Inhaltsstoffe, insbesondere ist der Fettgehalt mit etwa neun Prozent doppelt so hoch wie bei normaler Kuhmilch. Frischer Mozzarella ist ein sehr leicht verderbliches Produkt und hält sich auch bei entsprechender Kühlung in Molke eingelegt nur wenige Tage. Um ihn länger haltbar und vor allem transportfähig zu machen, muss man ihn in mit Salzlake gefüllte Kunststoffbeutel einschweißen.
Wie bei jeder Käseherstellung wird auch bei der Produktion von Mozzarella zuerst die Milch mithilfe von Lab zum Gerinnen gebracht und „dick gelegt“. Dann wird die Käsemasse zu einem mittelgroßen Bruch geschnitten, aus der Molke gehoben, mit etwa 80 °C heißem Wasser abgebrüht und schließlich geknetet, bis sie weich und formbar ist. Im Anschluss wird der Mozzarella in Stücke geschnitten und zu Kugeln gerollt. Bei Handarbeit werden die Bällchen zwischen Daumen und Zeigefinger von der Käsemasse „abgeschlagen“. Das italienischen Wort für abschlagen oder abschneiden ist „mozzare“. Von diesem Arbeitsschritt erhielt der Käse bereits im 15. Jahrhundert den Namen „Mozzarella“.

Insalata Caprese

Tomaten
Mozzarella
frisches Basilikum
Meersalz
Olivenöl

Für diese klassische italienische Vorspeise die Tomaten in dünne Scheiben schneiden und abwechselnd mit dem ebenfalls in Scheiben geschnittenen Mozzarella wie bei einem Carpaccio auf Tellern anrichten. Mit Basilikumblättern bestreuen. Mit grobem Meersalz würzen und mit kaltgepresstem Olivenöl beträufeln. Dazu wird Ciabatta-Brot gereicht.

» Olivenöl

[muskatnuss]

Muskat war früher eines der seltensten und teuersten Gewürze der Welt. Es wurde mit purem Gold aufgewogen. Die ursprüngliche Heimat der Muskatnuss sind die Banda-Inseln, eine winzige Inselgruppe, die zu Indonesien gehört. Auch heute noch ist Indonesien der größte Muskat-Produzent.

Die ersten Muskatnüsse sind vermutlich mit den Kreuzfahrern nach Europa gekommen und es dauerte lange, bis das Anbaugebiet von europäischen Schiffen gefunden wurde.

1599 kamen die ersten Niederländer auf die Inselgruppe, und es folgte ein annähernd 200 Jahre dauerndes Monopol, das rigoros geschützt wurde. Die Ausfuhr von Samen oder Setzlingen war strengstens verboten und auf benachbarten Inseln wurden die Muskatnussbäume abgeholzt. Erst 1745 konnte ein französischer Pflanzenschmuggler Setzlinge mitnehmen und so das Monopol brechen.

Der Name leitet sich von „Muscat“ bzw. „Maskat“ her, der Hauptstadt des Oman. Dort wuchs zwar die Nuss nicht, doch war Muscat ein äußerst wichtiges Handelszentrum im Nahen Osten, über das Europa die Nüsse bezog. Die Muskatnuss ist eigentlich keine Nuss, sondern der Samen einer pfirsichartigen Frucht, die auf 10 bis 15 Meter hohen, immergrünen Bäumen wächst. Ein Baum trägt jährlich zwischen 1500 und 2000 Muskatnüsse. Sobald diese reif sind, platzen sie auf, und es kommt der netzartige, purpurfarbene Samenmantel, der „Macis“, also der „Muskatblüte“, zum Vorschein. Die ebenfalls als Gewürz verwendete und sehr wertvolle Muskatblüte wird abgelöst und getrocknet, wodurch sie ihre leuchtend rote Farbe verliert und orange wird. Die Samen selbst werden getrocknet, bis der Kern in der Schale zu „klappern“ beginnt. Dann werden die Schalen wie bei einer Nuss aufgeknackt und die Kerne, also die „Muskatnüsse“, herausgenommen.

In der Küche wird die Muskatnuss als Würzmittel meist frisch gerieben verwendet, da ihr Aroma leicht flüchtig ist. Sie enthält „Myristicin“, ein ätherisches Öl, das in hohen Dosen berauschende und halluzinogene Zustände hervorrufen und zu Kopfschmerzen führen kann.

» käsefondue » spekulatius

Die absoluten Spitzenreiter beim Verzehr von Nudeln sind die Italiener mit jährlich durchschnittlich 27 Kilogramm. Bei uns werden hingegen nur etwa 5 Kilogramm jährlich gegessen. Man könnte daher meinen, die Italiener seien die Erfinder der Nudeln. Sie sollen aber vom venezianischen Kaufmann Marco Polo im 13. Jahrhundert von China nach Italien mitgebracht worden sein. Tatsächlich stammt das älteste, nämlich 4000 Jahre alte Rezept für Nudeln aus China. Doch wusste man im heutigen Italien auch schon in römischer Zeit, wie man aus Wasser und gemahlenem Getreide Teigwaren herstellt.

Anfangs wurden die Teigwaren mühsam mit der Hand gerollt. Deshalb dauerte es auch sehr lange, bis sie ihre heutige Popularität erlangten. Konkrete Hinweise auf Spaghetti im heutigen Sinn finden sich erst zu Beginn des 17. Jahrhunderts. Es wird von einem Gerät berichtet, mit dem man den Teig zu langen, dünne Nudeln ausziehen konnte. Der Name „Spaghetti" leitet sich von „spago", der italienischen Bezeichnung für „Bindfaden" oder „Schnur" ab. Um 1800 wurde die handwerkliche Herstellung von der halbindustriellen Produktion abgelöst. Neapel und Genua entwickelten sich zu großen Zentren der Teigwarenherstellung, da sie aufgrund ihrer Häfen für die Anlieferung großer Getreidemengen begünstigt waren. Erst um 1930 kamen die ersten vollautomatischen Teigwarenpressen auf den Markt, und rund 10 Jahre später wurden kontinuierlich arbeitende Trockner in Betrieb genommen.

Italienische Teigwaren (Pasta) bestehen aus Hartweizengrieß. Typisch österreichisch sind im Gegensatz dazu „Eierteigwaren", wo neben dem Mehl auch Eier in den Teig kommen. Insbesondere italienische Pasta wird in einer Vielfalt von rund 400 Nudelsorten angeboten. Die Form wird durch die Einsätze der Teigpressen bestimmt, womit etwa eine Röhre oder Spirale als Grundform entsteht. Diese wird noch gebogen oder gefaltet, geschnitten und die endgültige Form getrocknet.

Nudelteig
Grundrezept

250 g Mehl
1–2 Eier
etwa 50 ml Wasser

Das Mehl auf ein Brett geben, Eier und Wasser versprudeln, dann auf das Mehl gießen und damit vermengen. Das Ganze so lange mit den Händen zu einem festen Teig verkneten, bis die Oberfläche glatt ist. Gleichmäßige Laibchen formen, diese dünn auswalken oder durch eine Nudelmaschine drehen.

An einem luftigen Ort antrocknen lassen. Nach Belieben Nudeln oder Fleckerl schneiden, diese in siedendem Salzwasser kurz kochen, abseihen und weiterverarbeiten. Füllt man die Nudeln, z.B. für Ravioli oder Kärntner Nudeln, den Teig sofort nach dem Ausrollen ohne Antrocknen weiterverarbeiten.

» BLUTWURST

Der Anbau von Olivenbäumen und die Herstellung von Olivenöl begleitet die Menschen seit jeher. Schon 2000 v. Chr. ist die Kultivierung von Olivenbäumen in allen Mittelmeerländern nachweisbar. Olivenöl wurde in großer Menge als Opfergabe an die Götter, für die Zubereitung der Speisen, zur Pflege des Körpers, zur Heilung der Wunden und auch als Brennstoff für Lichtquellen in den Häusern und Tempeln verwendet. Welch überragende Bedeutung der Ölbaum im Altertum besaß, erkennt man daran, dass die Sieger der Wettkämpfe der antiken olympischen Spiele mit den Zweigen eines Ölbaumes bekränzt wurden. Dies stellte die höchste Ehre dar und galt mehr als jeder andere Preis.

Das in der Bibel viele Dutzend Male erwähnte Öl sowie das Salböl, das in den christlichen Kirchen verwendet wird, ist Olivenöl.

Die Sorte, der Boden und das Klima bestimmen die Qualität und den typischen Geschmack des Olivenöls. Für die Ölherstellung wird die ganze Frucht verwendet. Oliven bestehen zu 15 – 25 Prozent aus Öl.

Die Europäische Union hat verbindliche Qualitätsnormen festgelegt. Die höchste Güteklasse wird als „extra nativ“ bezeichnet. Olivenöl der zweiten Güteklasse heißt „natives“ Olivenöl und Olivenöl der 3. Güteklasse darf sich nur schlicht „Olivenöl“ nennen.

Für ein „natives Olivenöl extra“ müssen die Oliven im optimalen Reifestadium gepflückt und sofort verarbeitet werden. Zu langer Bodenkontakt und grobe Behandlung oder zu lange Lagerung beeinträchtigen die Qualität des Öls und führen zu einem Ansteigen des Gehalts an gesättigten Fettsäuren.

Die Herstellung erfolgt heute nach dem gleichen Prinzip wie in der Antike. Zuerst werden die Oliven zerquetscht oder gemahlen und anschließend wird der Olivenbrei ohne Erwärmung, also kalt, ausgepresst. Weltweit stehen die Griechen mit einem Olivenölverbrauch von 23 Litern pro Jahr an der Spitze.

Olivenöl-Brownies

- 5 Eier
- 470 g brauner Zucker
- 250 g Kuvertüre
- 230 g Olivenöl
- 250 g Mehl
- 100 g Pinienkerne
- 150 g Cashewkerne

Eier und Zucker schaumig rühren. Dann Kuvertüre in Öl auflösen und unter die Eiermasse heben. Das Mehl einsieben und gut untermischen. Pinienkerne und Cashewkerne in einer Pfanne goldbraun rösten und locker in den Teig einrühren. Den Teig auf ein mit Backpapier belegtes Backblech gleichmäßig aufbringen und bei 170 °C 20–30 Minuten backen. Noch warm zu Brownies schneiden.

Paella ist ein Gericht, das jeder sofort mit Spanien in Verbindung bringt. Oft wird sie als das spanische Nationalgericht bezeichnet. Doch das ist nicht ganz richtig, auch wenn Paella heute fast in ganz Spanien angeboten wird. Dieses Reisgericht aus der Pfanne ist ursprünglich nur das traditionelle Gericht der spanischen Region Valencia und der spanischen Ostküste.

Die Paella hat ihren Namen von der flachen Pfanne, in der sie zubereitet wird. Die antiken Römer verwendeten ein schalenförmiges Gefäß für das Servieren von Speisen und die Darbringung von Speiseopfern. Dieses nannten sie „patella", ein Wort, das wir heute eher als die lateinische Bezeichnung der Kniescheibe bei Mensch und Tier kennen. Aus der römischen patella machten die Spanier im Lauf der Jahrhunderte die „Paella". Der Name des Geschirrs für die Zubereitung ist also auf die Speise selbst übergegangen. Die Paella-Pfanne wird heute als „Paellera" bezeichnet. Gebräuchlich sind kreisrunde, sehr flache Pfannen mit zwei seitlich angebrachten Griffen, aus denen die Paella dann auch direkt gegessen wird.

Die bekannteste Variante ist die „Paella Valenciana". Von der armen Landbevölkerung um Valencia wurde Reis mit Wasser und Olivenöl auf offenem Feuer gekocht. Zusätzlich verwendete man als Einlage jene Zutaten, die gerade zur Verfügung standen, wie Geflügel- oder Kaninchenfleisch, aber auch Schnecken. Meeresfrüchte gab es praktisch nie. Heute aber werden die meisten zubereiteten Varianten mit Fischen und Meeresfrüchten angereichert, die von traditionsbewussten Valencianos abfällig als „Paella de turistas – Touristen-Paella" bezeichnet werden.

Typisch für eine heutige Paella ist ihre leuchtend gelbe Farbe, die original durch die Zugabe von Safran entsteht. Als Ersatz für den teuren Safran wird aber häufig mit Kurkuma (Gelbwurz) oder mit Lebensmittelfarbmischungen gewürzt, die in Spanien unter dem Namen „Colorante alimentario" im Handel sind.

[Palatschinken]

Der auf heißen Steinen geröstete Fladen ist eines der ältesten Gerichte der Menschheit. Den Fladen als die Urform des Brotes findet man in fast allen Kulturen.

Der Ursprung der Palatschinke geht auf die römische Zubereitung mit der Bezeichnung „placenta“ zurück. So nannten die Römer runde Kuchen, die sie als Brot aßen. Das lateinische Wort „placenta“ ist als medizinische Bezeichnung heute noch gebräuchlich. Durch die Ausbreitung des römischen Reiches und die Essgewohnheiten der römischen Legionäre wurden diese runden Kuchen in ganz Europa bekannt. In Rumänien heißen die süßen Fladen Placinta, in Ungarn Palacscinta, in Böhmen Palatcinky und in Österreich schließlich Palatschinken. In Deutschland nennt man sie Pfannkuchen und in Frankreich Crêpes. In anderen Weltgegenden sind gebackene Fladen ein Grundnahrungsmittel, wie etwa in Mexiko die Tortillas aus Maismehl.

Bezeichnend für die Palatschinke ist die süße Füllung. Das führt bei ausländischen Gästen oft zu Verwirrung, da sie sich aufgrund des Namens ein Schinken-Gericht erwarten und „Palatschinken“ serviert bekommen.

Die aus Palatschinken geschnittene Suppeneinlage, die Frittaten, sind italienischen Ursprungs. Ihr Name kommt vom italienischen „frittata“, was „Omelette“ bedeutet.

Die bekannteste Crêpes-Variation ist gewiss die „Crêpe Suzette“. Einer kulinarischen Legende nach soll sie 1896 durch den Kochlehrling Henri Charpentier, dem späteren Koch von John D. Rockefeller, durch ein Missgeschick erfunden worden sein. Der britische Kronprinz, der spätere König Edward VII., war im „Café de Paris“ in Monte Carlo zu Gast. Die Crêpes wurden am Tisch erhitzt und Charpentier bereitete gerade die Soße vor, als ein Likör Feuer fing. Er tauchte die Crêpes in die entflammte Marinade und erklärte, dass es sich um ein neues Rezept handle. Die neue Kreation bekam den Namen der Begleiterin des Kronprinzen an jenem Abend „Suzette“.

Palatschinken

200 g Mehl
2 Eier
Salz
etwa 500 ml Milch
Fett zum Backen
Marmelade oder frische Früchte der Saison, geschnitten für die Füllung

Milch, Eier und Salz versprudeln und mit dem Mehl glatt rühren. Den Teig etwa 20 Minuten quellen lassen.

In einer Pfanne Fett erhitzen, einen Schöpfer voll Teig hineingießen und ihn verlaufen lassen. Auf beiden Seiten goldbraun backen. Die Palatschinken noch heiß mit Marmelade bestreichen oder mit geschnittenen Früchten füllen, einrollen und mit Staubzucker bestreut servieren.

Pesto leitet sich vom italienischen „pestare" ab, das „zerstoßen" bedeutet. Und genau das ist es, was die Herstellung ausmacht. Das bekannteste Pesto ist sicherlich das aus Ligurien stammende „Pesto alla genovese", das neben Olivenöl als Hauptzutaten Basilikum und angeröstete Pinienkerne enthält. Dafür werden Basilikumblätter und die anderen Zutaten in einem traditionellen Mörser aus Marmor mithilfe eines Stößels aus Holz zerquetscht und zu einer Art Paste verarbeitet. Wesentlich ist, dass die Blätter nicht mit Gewalt zerstampft, sondern nur leicht zerrieben werden, da sonst die für den Geschmack verantwortlichen Öle entweichen.

Seinen Ursprung dürfte das Pesto in den mittelalterlichen Knoblauchsoßen haben. Sie traten an die Stelle des häufigsten Gewürzes der antiken römischen Küche des „Garum" oder auch „Liquamen". Diese überall verwendete Soße wurde auf Basis von in Salz und Kräutern eingeweichten Fischen mit Essig oder Wein hergestellt. Die modernen asiatischen Fischsoßen erinnern bei Zutaten und Herstellung an das antike Garum.

Das heute gebräuchliche Pesto-Genovese-Rezept findet sich zum ersten Mal im Jahr 1865 in der *Cuciniera genovese* der Gebrüder Ratto. Es wurde als „Knoblauch- und Basilikumsoße" für Nudelgerichte beschrieben. Die Pinienkerne deuten auf einen orientalischen Einfluss hin, was bei einer bedeutenden Hafenstadt wie Genua nicht verwundert, die Schnittpunkt verschiedener Kulturen und kulinarischer Einflüsse war. Neben diesem Pesto nach Genueser Art gibt es unzählige Varianten, wobei das mit getrockneten Tomaten hergestellte „Pesto rosso" ebenfalls ein Klassiker ist.

Pesto war auch bei den Seeleuten beliebt. Sie waren auf ihren Fahrten gefährdet, an Skorbut, einem Vitamin-C-Mangel, zu erkranken. Genau dieses Vitamin ist aber reichlich in Basilikum enthalten. Da Pesto unter einer Schicht Olivenöl lange haltbar ist, hatten die Genueser Seeleute gewiss einen Vorrat davon dabei.

Pesto alla Genovese

200 g frische Basilikumblätter
100 g frische Petersilienblätter
60 g Spinat
2 Knoblauchzehen
400 ml Olivenöl
10 g Salz
60 g Pignoli

Petersilie und Spinat blanchieren. Dann alle Zutaten mit einem Mörser zerreiben. Dazu nur einen kleinen Teil des Olivenöls verwenden. Erst danach den Rest des Olivenöls hinzumischen.

» Knoblauch » Olivenöl

Die Urheimat des Pfefferstrauches sind die Monsunwälder der Malabarküste im südlichen Indien. Pfeffer ist heute im gesamten tropischen Asien verbreitet. Hauptanbaugebiete sind Indien, Indonesien und Brasilien.

Der Pfefferstrauch ist eine immergrüne, mithilfe von Haftwurzeln rankende Kletterpflanze. An den Enden der Ranken entwickeln sich zweimal jährlich weiße Blütenrispen, die 20 bis 40 erbsengroße Beeren, die Pfefferkörner, hervorbringen.

Von der Behandlung der ährenartig aufgereihten Früchte hängt es ab, ob daraus schwarzer, weißer oder grüner Pfeffer wird. Schwarzer Pfeffer entsteht, wenn die grünen, unreifen Beeren frühzeitig gepflückt und an der Sonne getrocknet werden. Dadurch erhalten sie eine schwarze und runzelige Oberfläche. Werden die reifen Beeren nach der Ernte zur Fermentation auf große Haufen geworfen, lässt sich kurz darauf das Fruchtfleisch mit der Schale herunterwaschen und weiße Pfefferkörner entstehen. Grün bleiben unreif geerntete Körner, wenn sie sofort in Salzlake oder Essig eingelegt werden. Rosa Pfefferkörner stammen nicht vom Pfefferstrauch, sondern vom Peruanischen Pfefferbaum. Die brüchige rosa Schale umhüllt einen kleinen schwarzen Samen. Schwarzer Pfeffer schmeckt intensiv und scharf, weißer Pfeffer ist wesentlich milder. Grüne und rosa Pfefferkörner haben einen aromatisch-fruchtigen Geschmack.

Mit arabischen Händlern kam der Pfeffer aus Indien schon in das alte Rom, wo er in großen Mengen verbraucht wurde. Die Kreuzzüge brachten verschiedene Gewürzsorten, darunter vor allem auch Pfeffer, in die Häfen Italiens und von dort weiter nach Mitteleuropa. Pfeffer gehörte zu den ersten Produkten des Welthandels und begründete den Reichtum von Städten wie Lissabon und Venedig. Das Gewürz war einst so hoch geschätzt, dass es mit Gold aufgewogen wurde. Wegen des Pfeffers wurden neue Seewege in den Osten gesucht und Kriege um Anbaugebiete und Handelsmonopole geführt. Von der einstmals überragenden Bedeutung und dem ungeheueren Wert des Pfeffers zeugen heute noch verschiedene Redensarten. So bezeichnet man etwa hohe Rechnungen als „gepfeffert“.

Pfeffer-Ananas

1 reife Babyananas
1 TL Rohrzucker
1 EL Limettensaft
schwarzer Pfeffer, frisch gemahlen

Die Ananas aus der Schale schneiden und würfeln. Dann mit Rohrzucker und Limettensaft in einer Pfanne glacieren und mit frisch gemahlenem Pfeffer bestreuen.

„Pfirsich Melba“ fehlt auf fast keiner Eiskarte. Dieser Nachtisch ist nach der australischen Sängerin Nellie Melba (1861–1931) benannt. Ihr Sopran begeisterte zu ihrer Zeit die ganze Welt. Trotzdem wird ihr Name heute eher mit dem Dessert in Verbindung gebracht als mit ihren überragenden künstlerischen Leistungen.

Nellie Melba wurde unter dem Namen Helen Porter Mitchell in Melbourne geboren. In Anlehnung an ihre Geburtsstadt wählte sie den Künstlernamen „Melba“. Sie sang an allen großen Opernhäusern der Welt. Bei ihren Aufenthalten in London wohnte sie immer in dem damals nobelsten und modernsten Hotel, dem „Savoy“.

Seit 1892 war Auguste Escoffier hier Chefkoch. Escoffier (1846–1935) war ebenfalls weltberühmt und galt schon zu Lebzeiten als „König der Köche“. Er führte die französische Küche zu Weltruhm. Aufbauend auf die Traditionen seines Heimatlandes schuf er neue Rezepte, erfand Menüfolgen und organisierte die Abläufe und Hierarchien in großen Küchen neu. Er verfasste zudem mehrere Bücher. Der 1903 erschienene *Guide Culinaire* hat auch heute noch wesentliche Bedeutung für die französische Kochkunst. Insgesamt kochte Escoffier 63 Jahre lang in den besten Häusern von Paris und London. Für seine Verdienste wurde er als Auszeichnung zum Ritter der Ehrenlegion Frankreichs ernannt.

Für eine Aufführung der Wagneroper „Lohengrin“ im „Royal Opera House“, in der Nellie Melba die „Elsa“ sang, soll sie Escoffier einen Orchesterplatz angeboten haben. Seine Dankbarkeit zeigte er ihr am nächsten Tag durch eine neue Dessertkreation, bestehend aus Pfirsichen auf Vanilleeis, mit Himbeerpüree überzogen. Zu ihren Ehren nannte er seine Erfindung „Pfirsich Melba“.

Escoffier hat nicht nur den Pfirsich Melba, sondern noch ein zweites Eisdessert komponiert, das von den Menükarten nicht mehr wegzudenken ist, die „Birne Helene“. Er soll sie um 1870 erfunden haben, angeregt durch eine Aufführung der Operette „Die schöne Helena“ von Jacques Offenbach.

Pfirsich Melba

Vanilleeis
gedünstete Pfirsichhälften oder Pfirsiche aus der Dose
Himbeermark
Schlagobers

Eine Kugel Vanilleeis in eine Schale geben, eine Pfirsichhälfte darauflegen, mit Himbeermark überziehen und mit Schlagobers verzieren.

[Pizza Margherita]

Die erste Pizza Margherita wurde im Jahr 1889 gebacken. Den Juni dieses Jahres verbrachte das italienische Königspaar in ihrer Sommerresidenz Capodimonte in der Gegend von Neapel.
Im südlichen Italien war Pizza als Essen der armen Leute seit Langem bekannt. Schon im 18. Jahrhundert wurde die Pizza in Backöfen gebacken, um danach direkt in den Gassen der Stadt verkauft zu werden. Auch eine Heimzustellung durch Laufburschen war bereits möglich.
Um sich volksnah zu zeigen, bestellten König Umberto und seine Gattin Margherita während ihres Aufenthaltes in Neapel diese weit verbreitete Speise. Der patriotisch gesinnte Pizzabäcker Raffaele Esposito wurde gemeinsam mit seiner Frau Maria Giovanna Brandi eingeladen, für das Königspaar zu kochen. Den flach ausgerollten Hefeteig garnierten sie mit roten Tomaten, weißem Mozzarella und grünen Basilikumblättern, den drei Farben der italienischen Flagge. Zu Ehren der Königin nannte Esposito die neue Pizzakreation „Margherita". In der Pizzeria Brandi in Neapel gibt es heute noch das Schreiben des Küchenchefs der Königin Margherita, worin er dem Erfinder der Pizza Dank und Anerkennung ausdrückt. Die Königin wollte von da an die Pizza nicht mehr missen, und immer, wenn sie in Capodimonte weilte, musste Raffaele Esposito „ihre" Pizza zubereiten.
Margherita von Savoyen heiratete 1868 Umberto I., der seinem Vater Viktor Emanuel II. 1878 auf den italienischen Königsthron folgte. Sie starb 1926 im Alter von 75 Jahren und wurde neben ihrem Mann im Pantheon in Rom beigesetzt.
Die Pizza blieb lange eine nur in der Region Kampanien, also der Gegend um Neapel und Salerno, beliebte Spezialität, die sogar in Norditalien unbekannt war. Erst nachdem vom neapolitanischen Auswanderer Gennaro Lombardi in New York 1905 mit großem Erfolg eine Pizzeria eröffnet wurde, begann der Siegeszug der Pizza zuerst in Amerika und anschließend in Europa. Heute gibt es kein europäisches Land, in dem die Pizza nicht zur kulinarischen Alltagskultur gehört.

Pizzateig

500 g Mehl
100 ml Olivenöl
30 g Germ
175 ml lauwarmes Wasser
10 g Salz

Den Germ in lauwarmem Wasser auflösen. Das Mehl mit dem Salz vermischen. Wasser und Öl dazumischen und etwa 10 Minuten kneten.

Den Teig 1 Stunde an einem warmen Ort zugedeckt aufgehen lassen. Danach zusammenstoßen und nochmals gehen lassen. In der gewünschten Stärke ausrollen (geht im Rohr noch etwas auf) und nach Herzenslust belegen. Bei 250 °C etwa 20 Minuten backen.
Tipp: Die Unterlage sollte immer aus Teig, Tomatensoße und Käse bestehen.

» Mozzarella » Olivenöl

Viele Feldherren wurden durch militärische Taten berühmt. Doch dass der Name eines französischen Marschalls noch heute in aller Munde ist, liegt nicht an dessen militärischen Verdiensten, sondern hängt mit der süßen Kreation zusammen, die nach ihm benannt wurde: César de Choiseul, Graf von Plessis-Praslin (1598–1675), militärischer Oberbefehlshaber und Minister Ludwig XIV., des Sonnenkönigs.

In den Diensten von Plessis-Praslin stand ein fantasievoller Küchenchef. Einmal röstete er Mandeln und überzog sie mit flüssigem Zucker. Mit dieser 1649 entwickelten Erfindung hatte er bei Hof großen Erfolg. Er gab ihr aber nicht etwa seinen eigenen Namen, sondern den seines Dienstherrn. Er nannte seine Schöpfung „Prasline".

Im Lauf der Zeit verlor sich aber das „s" im Namen und die Leckerei wurde zur „Praline". Die Gesellschaft am Hof soll beim Verkosten begeistert ausgerufen haben „Bon, bon!", ein weiterer Begriff, der für Süßigkeiten immer noch gebräuchlich ist.

Die Franzosen verstehen auch heute unter Praline nur die gebrannte Mandel. In den deutschsprachigen Ländern und einem Teil Belgiens werden aber mit Schokolade umhüllte Füllungen aus Marzipan, Nougat, Creme, Likör oder Früchten als Praline bezeichnet. Diese Art des Konfekts wurde 1912 vom Brüsseler Schokoladenfabrikanten Jean Neuhaus kreiert. Seine Firma war es auch, die 1915 eine kleine Schachtel entwarf, in der die Pralinen auch in Schichten gelegt werden konnten, den „Ballotin". Dieser ersetzte die bis dahin benutzten Papiertüten, in denen die Pralinen leicht beschädigt wurden.

Pralinen sollen trocken und lichtgeschützt bei einer Temperatur zwischen 15 und 18 °C lagern. Bei höheren Temperaturen kann die Schokolade grau anlaufen. Die Fettmoleküle der Kakaobutter wandern dabei an die Oberfläche, wo sie kristallisieren und ein „Fettreif" entsteht. Das Licht wird durch diese Kristallschicht anders reflektiert und die Schokolade erscheint grau.

Grand-Marnier-Trüffel

125 g weiche Butter
375 g weiße Kuvertüre
2 cl Grand Marnier
Mandelsplitter zum Wälzen

Butter schaumig rühren und Kuvertüre über dem Wasserbad schmelzen lassen. Dann mit dem Grand Marnier unter die Butter rühren. Die Masse in einen Spritzsack füllen und Stangen oder Tropfen auf ein mit Backpapier belegtes Backblech dressieren. Etwas abkühlen lassen. Währenddessen die Mandelsplitter in einer Pfanne goldbraun rösten. Zum Abschluss die Pralinen in den Mandelsplittern wälzen.

Pudding hat im Lauf der Jahrhunderte eine große inhaltliche Veränderung erfahren. Der Name und das Gericht wurden um 1700 aus dem Englischen übernommen. Das englische und schließlich auch das deutsche Wort „Pudding" gehen auf das altfranzösische Wort „boudin" zurück, was „Wurst" bzw. „Blutwurst" bedeutet. Dieses wiederum stammt vom lateinischen Wort für Wurst „botulus" ab. Die Griechen und Römer der Antike füllten Därme mit Blut und Mehl, wobei ihnen aber auch schon eine süße Variante mit Honig und Milch als Zutaten bekannt war.

Anfang des 17. Jahrhunderts wurde das Puddingtuch in der englischen Küche eingeführt. Damit konnte Pudding unabhängig von frischen Därmen und von Schlachtungen hergestellt werden. Schließlich wurden Puddingknödel in diesen speziellen Tüchern oder Blechformen in kochendem Wasser gesotten, die nur aus Mehl, Eiern und Butter bestanden. In England waren diese Knödel sehr populär. Erst im 18. Jahrhundert wurde Pudding auch bei uns bekannt und beliebt, wobei man heute unter Pudding nur mehr die süße Variante mit einer Vielzahl von Aromen versteht. In England aber kommen noch die ältere Variante der Mehlknödel und viele andere Fleisch-, Fisch- oder Gemüsepuddings vor, die man als Beilage zu verschiedenen Gerichten serviert. Besonders bekannt ist der aus Mehl, Salz, Ei und Wasser bestehende „Yorkshire Pudding", der zu Roastbeef gereicht wird.

Der größte jemals hergestellte süße Pudding wurde in Wien am 18. August 1854 aus Anlass des Geburtstages von Kaiser Franz Joseph mit einem Gewicht von fast 650 Kilogramm gebacken. Er soll unter anderem aus 300 Kilogramm Rosinen und 125 Kilogramm Zucker bestanden haben. Statt einer Stoffserviette bediente man sich eines Segeltuchs, das mit 25 Kilogramm Butter bestrichen wurde.

Heute wird Pudding meist aus industriell hergestelltem Puddingpulver zubereitet, das bereits 1870 in den Handel kam.

Bread and Butter Pudding

100 g in Rum eingelegte Rosinen (ca. 15 cl Rum)
100 ml Milch
6 Eier
150 g Zucker
altbackene Brotscheiben zum Auslegen der Form
1 Vanilleschote, ausgekratzt
etwas Butter

Milch, Zucker, Eier und Vanillemark versprudeln und in einem Topf auf etwa 60 °C erhitzen (zur Rose abziehen). Eine Auflaufform mit Butter ausstreichen, mit altbackenen Brotscheiben auslegen und mit Rosinen bestreuen. Die Eier-Milch-Masse darübergießen und bei 160 °C backen, bis der Pudding goldgelb ist.

Tipp: Je nach Geschmack den Boden der Auflaufform mit säuerlicher Marmelade bestreichen, etwa Himbeer- oder Bitterorangenmarmelade (Seite 21).

» VANILLE

Der Duft nach Punsch liegt auf allen Adventmärkten in der Luft. Dieses heiß genossene, alkoholische Getränk ist aber keine heimische Erfindung. Es stammt ursprünglich aus Indien, wo es aus fünf Zutaten, nämlich Zucker, Wasser, Gewürzen, Zitronensaft und Arrak, einem Branntwein aus Palmzuckersaft und Reis, hergestellt wurde. Englische Seefahrer der East India Company brachten den Punsch im 17. Jahrhundert nach Europa.

Der Begriff „Punsch" wurde dem Hindi-Wort „panc" entlehnt, welches „fünf" heißt und für die Anzahl der Grundzutaten steht. Aus „panc" wurde im Englischen „punch". Im von Johann Heinrich Zedler verlegten *Universal-Lexicon* findet sich 1735 erstmals der deutsche Begriff „Puntsch". Als Zutaten des „starcken Getränckes" gab er an: „Branntewein, Wasser, Zucker, Pomeranzen-Safft und Muscaten-Nüsse".

Gegen Ende des 18. Jahrhunderts wurde der Punsch ein Modegetränk. Wohl wegen seiner Wirkung muss Punsch auch Musiker und Dichter fasziniert haben. So berichtete Leopold Mozart 1764 nach seiner Englandreise begeistert über den Punsch. Für den deutschen Romantiker E.T.A. Hofmann war der Punsch in seiner Novelle „Der goldene Topf" ein zentrales Element, genauso wie für Jacques Offenbach in seiner Oper „Hoffmanns Erzählungen". Im „Punschlied" setzte der Dichterfürst Friedrich Schiller dem Getränk ein bleibendes Denkmal: „Vier Elemente, innig gesellt, bilden das Leben, bauen die Welt."

Die Verfilmung des Romans „Die Feuerzangenbowle" von Heinrich Spoerl machte diese Punschvariation zum Kultgetränk. Auch heute wird in jeder Studentenverbindung Anfang Dezember in einer „Krambambuli-Kneipe" eine Feuerzangenbowle bereitet und dazu das von Christoph Friedrich Wedekind 1745 verfasste Lied gesungen: „Krambambuli, das ist der Titel des Tranks, der sich bei uns bewährt. Er ist ein ganz probates Mittel, wenn uns was Böses widerfährt. Des Abends spät, des Morgens früh trink ich mein Glas Krambambuli."

Orangen-Fruchtpunsch

750 ml lieblicher Weißwein (z.B. Spätlese)
500 ml Früchtetee
500 ml frisch gepresster Orangensaft
75 ml Rum 40 %
1 Zimtstange
1 Sternanis
5–6 Gewürznelken
Schale von ½ unbehandelten Orange
Schale von ½ unbehandelten Zitrone
Zucker nach Belieben

Den Tee zubereiten. Wein und Orangensaft sowie die Gewürze hinzugeben und gemeinsam erhitzen, aber nicht kochen lassen. Zuletzt den Rum hineingießen und nach Geschmack süßen.

Tipp: Für eine alkoholfreie Variante den Wein einfach durch Traubensaft ersetzen und auf den Rum verzichten.

» anis » gewürznelken » muskatnuss » zimt

Italien ist Europas größter Reiserzeuger. Bereits seit etwa 500 Jahren wird in der Po-Ebene Reisanbau betrieben. Kein anderes europäisches Land hat so viele verschiedene Reisrezepte entwickelt.

Reis hat seinen Ursprung in China. Er stammt aus dem Mündungsdelta des Jangtsekiang. Vor etwa 7000 Jahren gelang es zum ersten Mal, dieses Rispengras zu kultivieren. Auch heute noch liegen die wichtigsten Anbaugebiete mit 90 Prozent der Weltproduktion in Asien. Reis ist das Grundnahrungsmittel für über die Hälfte der Weltbevölkerung. Den weltweiten Verbrauchsrekord hält China mit jährlich 91 Kilogramm Reis pro Person. In unseren Breiten ist der Reisverbrauch von etwa 5 Kilogramm pro Person dagegen eher gering.

Risotto, also gekochter Reis vermischt mit verschiedenen Zutaten, der unter ständigem Rühren zubereitet wird, ist ein italienisches Nationalgericht, dass in fast jeder Region nach einem eigenem Rezept gekocht wird.

Die bekannteste Variante ist das „Risotto alla milanese". Dieses bekommt durch Safran die auffallend gelbe Farbe und seinen unverwechselbaren, scharfen, leicht bitteren Geschmack. Nach einer Legende soll seine Entstehung bis ans Ende des 15. Jahrhunderts zurückreichen und mit der Errichtung des Mailänder Doms zusammenhängen. Es wurde an den Glasfenstern gearbeitet, deren gelbe Teile man im Mittelalter mit Safran färbte. Um einen anderen Handwerker zu ärgern, streute ein Glasmaler ein paar Fäden Safran in das gerade kochende Risotto. Dieses verfärbte sich sofort gelb und schmeckte auch noch außergewöhnlich gut. Eine Mailänder Spezialität war geboren!

Für Risotto wird Rundkornreis verwendet, dessen Körner beim Kochen klebrig werden. Meistens findet dafür die Sorte Arborio aus der Po-Ebene Verwendung. Langkornreis, auch bei bester Qualität, ist für Risotto nicht gut geeignet, da er zu wenig Stärke freisetzt, die für die leicht klebrige Konsistenz notwendig ist.

Steinpilzrisotto

- 200 g Risottoreis
- 125 ml Weißwein
- 500 ml klare Gemüsesuppe
- 30 g getrocknete Steinpilze
- 1 Zwiebel
- Salz
- Pfeffer
- 60 g Butter
- 50 g Parmesan, gerieben
- Rucola zum Garnieren

Die Steinpilze in so viel heißem Wasser einweichen, dass die Pilze gerade bedeckt sind. Zwiebel fein hacken, die Hälfte der Butter in einer Kasserolle erhitzen und die Zwiebeln darin glasig dünsten. Den Risottoreis hinzugeben und kurz mitdünsten. Mit Weißwein ablöschen. Den Wein verkochen lassen und unter beständigem Rühren nach und nach mit Gemüsesuppe aufgießen. Die Steinpilze mit dem Wasser als letztes zugeben. Der Reis sollte noch etwas Biss haben. Zuletzt die restliche Butter und den Parmesan unterheben.

Das Risotto mit etwas Rucola garnieren und mit Parmesan bestreut servieren.

» pfeffer » suppen

[Sachertorte]

Die geniale Idee für die heute weltberühmte Torte hatte Franz Sacher. Er wurde 1816 in Wien als Sohn eines fürstlichen, schwarzenbergschen Gutsverwalters geboren.

Mit 14 Jahren trat er als Kochlehrling in die Dienste von Fürst Metternich (1773–1859), der zuerst als Außenminister und dann als Kanzler des österreichischen Kaisers einer der mächtigsten Männer Europas war. Am Tag eines Banketts erkrankte der Chefkoch des Fürsten. Daher bekam der Kochlehrling Sacher den Auftrag für ein Dessert. Die Schokoladentorte mit Glasur und die Marillenmarmelade unter dem Guss waren in dieser Kombination seine Erfindung. Franz Sacher arbeitete danach einige Jahre in Budapest und Pressburg, bevor er 1848 wieder nach Wien zurückkehrte und ein Feinkostgeschäft eröffnete.

Seinen Sohn Eduard schickte er zur Lehre in die k.u.k. Hofzuckerbäckerei Demel. Dieser entwickelte dort die von seinem Vater erfundene Sachertorte zu ihrer heutigen Form weiter. 1876 gründete Eduard Sacher das weltberühmte Hotel mit Restauration und Café bei der Wiener Oper, von wo aus die Sachertorte ihren Siegeszug antrat.

Ab 1938 kam es zwischen Demel und Hotel Sacher zu einem viele Jahre andauernden Streit, wer seine Torte als „Original" bezeichnen darf. Dieser „Tortenkrieg" befasste alle Gerichtsinstanzen und wurde erst durch ein Urteil des Obersten Gerichtshofes beendet. Seitdem darf nur die im Hotel Sacher hergestellte Torte als „Original Sachertorte" bezeichnet und mit dem runden Schokoladensiegel auf der Glasur versehen werden. Demels Sachertorte trägt ein dreieckiges Siegel mit der Aufschrift „Eduard Sacher Torte". Sie hat nur eine Schicht mit Marillenmarmelade unter der Glasur, während die „Original Sachertorte" mit zwei Marmeladeschichten „apricotiert" wird, unter der Glasur und in der Mitte.

Nach dem auch heute noch geheimen Rezept werden im Jahr etwa 360 000 „Original Sachertorten" gebacken und in alle Welt verschickt.

Sachertorte

Teig:
200 g Butter
180 g Zucker
1 Pkg. Vanillezucker
6 Eier, getrennt
100 g Mehl
150 g geriebene Schokolade
50 g geriebene Nüsse
2 EL Kakaopulver
2 gestrichene TL Backpulver
1 Prise Salz

Fülle: Marillenmarmelade, etwas Rum
Guss: 200 g Kuvertüre, edelbitter

Butter, Zucker, Vanillezucker und Eidotter schaumig rühren. Eischnee mit einer Prise Salz steif schlagen. Das Mehl mit der geriebenen Schokolade, Nüssen und Backpulver mischen. Abwechselnd Mehlmischung und Schnee unter die Eiermasse heben. In einer eingefetteten und bemehlten Springform cirka 1 Stunde bei 170–190 °C backen.

Die ausgekühlte Torte waagrecht in zwei Teile schneiden. Marmelade mit Rum glatt rühren, die Torte damit füllen und wieder zusammensetzen. Die Tortenoberfläche und den Rand ebenfalls mit Marmelade bestreichen. Die Kuvertüre im Wasserbad schmelzen, über die Torte gießen und die Glasur glatt streichen.

Das Sandwich verdankt seine Bezeichnung der Spielleidenschaft eines englischen Grafen. Es war Sir John Montagu (1718–1792), der vierte Earl of Sandwich, auf den der Name der heute weltweit beliebten Zwischenmahlzeit zurückgeht.

Der Earl hatte eine äußerst bemerkenswerte Karriere. Mit 21 Jahren wurde er Mitglied des britischen Oberhauses, mit 30 Jahren bereits der erste Lord der Marine und mit 35 Jahren Staatssekretär. Zu seinen Ehren benannte der britische Seefahrer James Cook, der als erster Europäer 1778 die Inselgruppe von Hawaii im Pazifik entdeckte, sie „Sandwich Islands".

Der Earl war aber auch ein leidenschaftlicher Kartenspieler. Weil er in einer Nacht des Jahres 1762 in seinem Londoner Privatclub das Spiel nicht unterbrechen wollte, ließ er sich einen kleinen Imbiss, den er mit einer Hand essen konnte, an den Tisch bringen, um mit der anderen Hand weiterspielen zu können. Das Sandwich war erfunden. Andere Gäste verlangten daraufhin „das gleiche wie Sandwich", sodass sich der Name für den Imbiss durchsetzte.

Der vierte Earl of Sandwich soll ein sehr intensiv und fleißig arbeitender Mensch gewesen sein. Auch seine Arbeit wollte er nicht für Mahlzeiten unterbrechen und daher ließ er sich diese Zwischenmahlzeit dann auch an seinen Schreibtisch servieren.

Belegte Brote gab es sicher früher auch schon, doch durch den Earl of Sandwich kam es zur Akzeptanz dieser schnellen Mahlzeit auch in der gehobenen Gesellschaft. Man könnte seine Kreation als die Geburtsstunde des „Fastfood" bezeichnen.

Sandwiches bestanden zu Zeiten des Earls aus gesalzenem Rindfleisch zwischen zwei dünnen Weißbrotscheiben. Die zweite Lage Brot diente vor allem der Hygiene. Die Finger wurden nicht fettig und die Spielkarten oder die Arbeitspapiere blieben sauber. Dieser Imbiss wurde zum Markenzeichen des Earls und führte zur heute gebräuchlichen Bezeichnung „Sandwich".

„Bitteres Wasser“ bedeutet das aztekische Wort „Xocolatl“, von dem sich unsere „Schokolade“ herleitet. Die Azteken mischten gemahlenen Kakao in kaltes Wasser und tranken die Mischung ungesüßt und dickflüssig. Die Kakaobohne spielte jedoch vor allem als religiöse Opfergabe eine wichtige Rolle. Als Genussmittel blieb sie dem Adel und den Kriegern vorbehalten. Die Kakaobohnen dienten aber auch als Zahlungsmittel. Eine alte Preisliste aus 1545 ist überliefert, wonach eine große Tomate dem Wert einer Kakaobohne entsprach oder ein Truthahn 200 Kakaobohnen kostete.

Christoph Kolumbus wurde bei seiner vierten Westindienreise im Jahr 1512 das Kakaogetränk angeboten, doch weil es ihm nicht schmeckte, beachtete er die Kakaobohnen nicht weiter. Erst der spanische Eroberer Cortéz brachte 1528 den Kakao nach Europa. Zunächst fand er nur geringen Anklang. Erst als man das bittere Getränk mit Rohrzucker oder Hönig süßte, entwickelte es sich zum Modegetränk in den europäischen Adelshäusern.

1819 wurde die erste Schokoladenfabrik in der Schweiz von François-Louis Cailler in Vevey am Genfer See gegründet. Es folgten die Schweizer Firmen Suchard 1824, Lindt und Tobler 1830 und Sprüngli 1845. Der aus Frankfurt stammende Apotheker Heinrich Nestle zog nach Vevey, änderte seinen Namen in Henri Nestlé und legte 1867 mit einem neuen Verfahren für die Produktion von Milchpulver den Grundstein für den heute weltweit größten Nahrungsmittelkonzern.

Mit der Verwendung des Milchpulvers konnte 1875 ein gewisser Daniel Peter die erste Schweizer Milchschokolade auf den Markt bringen. Schließlich wurde 1879 von Rodolphe Lindt die „Conchiermaschine“ mit ihrem speziellen Rührwerk erfunden, die es möglich machte, der bis dahin brüchig-körnigen Konsistenz der Schokolade die feine, zart schmelzende Struktur zu geben.

Jährlich etwa 10 Kilogramm Schokolade zergehen jedem von uns auf der Zunge. Schokolade schmilzt bei 34 °C, also nur knapp unter der Körpertemperatur.

Mousse au Chocolat

200 g Schokolade, edelbitter oder zartbitter
3 Eier, getrennt
250 ml Schlagobers
40 g Zucker
2 EL heißes Wasser

Die Schokolade im Wasserbad schmelzen. Eiweiß und Schlagobers – getrennt – steif schlagen und in den Kühlschrank stellen. Eidotter mit 2 EL heißem Wasser und Zucker in einer Schüssel heiß (über Wasserdampf) und danach (auf Eis) kalt schlagen. Weiterrühren, bis eine schaumige Masse entsteht. Die geschmolzene, noch warme Schokolade einrühren. Mit dem Schneebesen das geschlagene Eiklar und danach das Schlagobers unterheben. Die fertige Mousse sollte hellbraun und sehr schaumig sein. Sie ist zuerst noch flüssig und wird im Kühlschrank nach 4–6 Stunden fest.

Tipp: Das Wasser kann auch durch Espresso, Amaretto, Cointreau, Cognac, etc. ersetzt werden. Durch Zugabe von Zimt oder Lebkuchengewürz wird die Mousse „weihnachtlich“.

Die Urheimat der Senfpflanze ist das Mittelmeergebiet und das westliche Asien. Das Senfkorn, so in einem Gleichnis der Bibel, ist „das kleinste von allen Samenkörnern; sobald es aber hoch gewachsen ist, ist es größer als die anderen Gewächse und wird zu einem Baum, sodass die Vögel des Himmels kommen und in seinen Zweigen nisten." (Mt 13,32). Die biblische Senfsorte, der braune Senf, erreicht eine Höhe von zweieinhalb Metern.

Das erste Speisesenf-Rezept stammt von Lucius Columella, einem römischen Gelehrten um etwa 50 n. Chr., der das gesamte Wissen seiner Zeit über Land- und Gartenbau zusammengetragen und beschrieben hat. Mit den römischen Legionen kam die Senfpflanze nach Europa, wo ihr Anbau durch Karl den Großen um 800 auf allen seinen Meierhöfen vorgeschrieben wurde. Vor allem zwei Arten dieses Kreuzblütlers sind für uns wichtig, nämlich der weiße und der braune Senf. Bei der Senfherstellung werden die Senfkörner zuerst gewaschen, dann zu einem Brei zerquetscht, wobei die Schalen abspringen und entfernt werden können. Dann werden sie je nach Senfsorte mit Essig, Wasser, Wein oder Bier und verschiedenen Gewürzen versetzt, bevor die Fermentierung und Reifung beginnt.

Die Welthauptstadt der Senfproduktion ist Dijon im französischen Burgund. Der echte Dijon-Senf besteht aus braunem Senf und wird mit Traubenmost angesetzt. Der zweite wichtige französische Senftyp ist der Bordeaux-Senf. Er ist leicht süßlich und oft mit Kräutern wie Estragon gewürzt. Der „süße Senf" oder „Weißwurstsenf" aus Bayern besteht aus einer Mischung von weißen und braunen Senfkörnern, die nicht pulverfein zerrieben werden, sondern körnig bleiben und mit Zucker karamellisiert werden. Typisch englisch ist die Zubereitung von Senfmehl. Die feinpudrig gemahlene braune Senfsaat, die sehr scharf ist, wird erst kurz vor der Verwendung mit Wasser, Essig, Sherry oder Bier angerührt.

Honig-Chili-Senf

- 100 g gelbes Senfmehl
- 50 g Honig
- 10 g Salz
- 100 ml Wasser
- 70 ml Essig (Weinessig), feingehackte Chilischoten nach Geschmack

Wasser und Essig aufkochen. In einer Schüssel Senfmehl, Salz und Chili mischen, den Honig und die heiße, aber nicht mehr kochende Wasser-Essig-Mischung gießen und mit dem Mixer gründlich verrühren. Der Senfbrei ist zu Anfang noch sehr flüssig, da das Senfmehl erst etwa ½ Stunde quellen muss. Danach den Senf abfüllen und einige Tage ruhen lassen, damit sich das Aroma entwickeln kann. Im Kühlschrank lagern.

Tipp: Für noch mehr Schärfe gibt man grob gestoßene, schwarze Senfkörner hinzu.

» essig

Bereits bei den Griechen und Römern war Spargel als Heilpflanze und Gemüse bekannt. Sie priesen den Spargel als „Schmeichelei des Gaumens“. Das älteste bekannte Rezept stammt vom Römer Apicius, der um 40 v. Chr. Spargel in Eierkuchen empfahl. Das älteste bekannte Bild eines Spargelbündels findet sich auf einem Wandgemälde in Pompeji aus 10 v. Chr., wobei Spargel hier als Beilage zu Fisch und Meerestieren dargestellt wird.

Mit den Feldzügen brachten die Römer den Spargel dann auch zu den Germanen, die ihn bis zur Völkerwanderung in den klimatisch milden Gegenden um Rhein, Main und Donau anbauten. Danach kam der Spargel erst wieder am Beginn der Neuzeit in Mode. Zuerst als Heilpflanze und dann zusätzlich als Luxusgemüse in höfischen Kreisen.

Die Beliebtheit von Frischspargel ist in den letzten Jahren stark gestiegen, wohl auch wegen seines niedrigen Kaloriengehaltes von nur 17 kcal pro 100 g. Spargelanbau ist nicht im gleichen Maß mechanisierbar wie der von anderen Gemüsearten und muss daher arbeitsintensiv betrieben werden. Die Erntezeit, „das Stechen“ des Spargels, beginnt meist Ende April und dauert etwa acht Wochen, bis spätestens 24. Juni, also dem „Johannestag“.

Die Spargelstangen sind die Sprosse der Spargelpflanzen (Asparagus officinalis). Grüner Spargel wächst oberirdisch, bildet durch das Licht Chlorophyll und wird daher grün. Bei der Kultur des weißen Spargels verhindert man durch das Aufschütten eines kleinen Erdwalls die Einwirkung des Lichts.

Der größte europäische Spargelproduzent ist Deutschland. Eine bedeutende Anbauregion für Spargel ist die Gegend um die oberbayrische Stadt Schrobenhausen. Dort wird der Spargel sogar durch ein Spargelmuseum gewürdigt, in dem unter anderem die Technik des Spargelanbaus, Spargelgeschirre, aber auch Spargelgemälde gezeigt werden.

Die österreichische Spargelproduktion beträgt circa 2500 Tonnen pro Jahr, wobei den größten Anteil daran der „Marchfeldspargel“ hat.

Spargelcremesuppe

250 g weißer Spargel
250 g grüner Spargel
etwa 500 ml klare Gemüsesuppe
1 alte Semmel
100 g Crème fraîche
1 EL Zucker
weißer Pfeffer
Salz

Den Spargel schälen, holzige Stielteile entfernen, die Spitzen abschneiden und beiseite legen. Den restlichen Spargel in gleich große Stücke schneiden. In reichlich Wasser mit Zucker und der alten Semmel (diese verhindert, dass der Spargel bitter schmeckt) weich kochen. Die Spargelspitzen separat blanchieren, diese sind in kurzer Zeit gar. Die Semmel aus dem Kochwasser entfernen und die Spargelstücke mit so viel Gemüsesuppe pürieren, dass eine sämige Konsistenz entsteht. Mit Salz und weißem Pfeffer abschmecken und Crème fraîche untermixen. Die gekochten Spargelspitzen als Einlage verwenden.

» pfeffer

Der Spekulatius bringt durch seinen würzigen Geruch und Geschmack Adventstimmung in jedes Haus. Bereits seit dem Mittelalter wird zu Ehren des Heiligen Nikolaus um den 6. Dezember dieses besonders gewürzte Mürbteiggebäck hergestellt. Es hat also einen religiösen Hintergrund, der sich in den Motiven auf dem Spekulatius widerspiegelt. Meist wurden Bilder aus der Nikolausgeschichte und andere weihnachtliche Darstellungen gewählt. Auch der Name erinnert an den Heiligen Bischof Nikolaus. Spekulatius dürfte vom lateinischen Wort „speculator" stammen, was „Aufseher" bedeutet und ein alter Titel für einen Bischof war.

Die Niederlande als Ursprungsland des Spekulatius waren insbesondere im 17. Jahrhundert eine der bedeutendsten Kolonialmächte der Welt. Um 1650 wurde etwa die Hälfte des Welthandels von den Niederländern abgewickelt. So standen auch mehr exotische Gewürze für Bäckereien zur Verfügung. Die Handelsschiffe fuhren weiter den Rhein hinauf nach Köln, damals eine der größten Handelsstädte, wichtige Zollstation und deshalb ebenfalls Umschlagplatz für Gewürze. Daher wurden auch in Köln und dem Umland kunstvolle Spekulatius gebacken, und das Rheinland wurde zu seiner zweiten Heimat.

Außerhalb Europas ist der Spekulatius nur in Indonesien bekannt. Dort wurde das Gebäck von den niederländischen Kolonialherren im damaligen „Niederländisch-Indien" verbreitet. Auch nach der Erlangung der Unabhängigkeit von den Niederlanden blieb der Spekulatius in Indonesien beliebt und ist heute ein weit verbreitetes und ganzjährig erhältliches Gebäck.

Es gibt grundsätzlich drei Arten Spekulatius: Der Gewürzspekulatius bekommt durch Kardamom, Zimt und Gewürznelken seinen typischen Geschmack. Und im Gegensatz zum Butterspekulatius wird der Mandelspekulatius vor dem Backen an der Unterseite mit gehobelten Mandeln bestreut.

Spekulatius

- 200 g Mehl
- 200 g Butter
- 100 g Zucker
- 1 Pkg. Vanillezucker
- 50 g geriebene Mandeln
- 1 TL Zimt
- 2 Msp. Nelkenpulver
- 2 Msp. Muskat
- 1 Msp. Kardamom
- 1 Msp. Piment
- 1 Prise Salz
- 1–2 Eier (je nach Größe)
- Eiklar zum Bestreichen
- Mehl für die Formen

Mehl mit kalter Butter abbröseln, den Zucker, Vanillezucker, die Mandeln und Gewürze daruntermischen und mit den Eiern rasch zu einem Mürbteig verkneten. Den Teig gut verschlossen 1–2 Stunden im Kühlschrank rasten lassen. Dann in die leicht bemehlten Spekulatiusformen drücken und mit einem dünnen Draht oder einer Palette überschüssigen Teig abziehen. Spekulatius vorsichtig aus den Formen schlagen, auf ein Blech mit Backpapier legen und dünn mit Eiklar bestreichen. 10–15 Minuten bei cirka 180 °C backen.

Der Strudel ist in Österreich heimisch wie kaum eine andere Speise. Sogar im normalen Sprachgebrauch wird er sehr bildhaft verwendet. „Etwas zieht sich wie ein Strudelteig", oder man muss sich furchtbar „abstrudeln".

Obwohl er der Inbegriff der heimischen Mehlspeisenküche ist, hat er seinen Ursprung im Orient, gelangte erst in die Türkei und schließlich mit der Türkenbelagerung bis vor die Tore Wiens.

Die Grundlage für den Strudel war die türkische Baklava. Den türkischen Soldaten dienten die zumeist mit Honig und Nüssen gefüllten Blätterteiglagen aufgrund der langen Haltbarkeit als Marschverpflegung.

Insbesondere in Ungarn, wo die Türken über 150 Jahre lang herrschten, bevor sie 1687 durch die Schlacht am Berg Harsányi vertrieben wurden, hatten sich viele türkische Essgewohnheiten etabliert. Wie dünn der Strudelteig sein muss, schildert ein ungarisches Kochbuch um 1900: „Dein Strudelteig ist erst gut, wenn Du mit einem semmelgroßen Laibchen einen Husaren samt Roß in den Strudel wickeln kannst." In Österreich heißt es, dass man durch einen gezogenen Strudelteig die Zeitung lesen können muss.

In Wien entstanden die verschiedenen süßen und sauren Füllungen des Strudels mit Fleisch, Schinken, Innereien, Krebsen, Fisch, Gemüse, Grieß, Mohn, Nüssen und natürlich Obst. Bereits 1696, nur wenige Jahre nach dem Ende der Türkenbelagerung ist in einem handgeschriebenen, anonymen Wiener Rezeptbuch ein „Mülch Raimb Strudl", also ein Milchrahmstrudel, beschrieben. 1827 erwähnt Anna Dorn in ihrem *Großen Wiener Kochbuch* erstmals einen „ausgezogenen Apfelstrudel". Von Wien aus eroberte der Strudel die gesamte Donaumonarchie und die internationale Küche.

Den deutschen Namen hat der Strudel vom althochdeutschen „stredan", was „aufwallen" bedeutet und an die ursprünglich wasserwirbelartig oder schneckenförmig gedrehte äußere Form des Strudels erinnert.

Ausgezogener Apfelstrudel

Teig:
250 g glattes Mehl
5 EL Öl
ca. 1/8 l Wasser
Salz, 1 Ei

Fülle:
1 kg säuerliche Äpfel
50 g Walnüsse, gerieben
50 g Brösel
50 g Rosinen
1–2 TL Zimt
brauner Zucker
etwas zerlassene Butter
Saft von ½ Zitrone

Für den Teig alle Zutaten vermischen. So viel Wasser zugeben, bis sich der Teig gut verkneten lässt. ½ Stunde rasten lassen. Etwas Butter in einer Pfanne schmelzen. Nüsse, Brösel und Zucker anrösten und auskühlen lassen. Äpfel schälen, entkernen, blättrig schneiden und mit Zitronensaft mischen. Den Teig erst ausrollen, dann hauchdünn ausziehen (am besten auf einem Tisch mit einem großen Tuch). Mit flüssiger Butter bestreichen und zuerst die Nuss-Brösel-Masse, dann die Äpfel auf ⅔ des Teiges verteilen. Rosinen darüberstreuen. Mit Zimt bestäuben. Die Ränder des Strudels einklappen und den Strudel mit dem Tuch einrollen. Auf ein Backblech heben, nochmals mit Butter bestreichen und bei 180–200 °C 45–55 Minuten backen.

» zimt

Die Suppe ist die „Mutter aller Speisen". Von ihr leiten sind alle Soßen, Eintöpfe und Breie ab. Schon in der Steinzeit kochten unsere Vorfahren mithilfe glühender Steine, gleich einem Tauchsieder, flüssige Gerichte. Über Jahrhunderte wurde in unseren Breiten die Suppe in allen Schichten der Bevölkerung als warme Morgensuppe aufgetischt, die meist eher ein flüssiger Getreidebrei war.

Kein Gericht hat eine solche Variationsbreite wie die Suppe. Sie ist weltweit verbreitet und jedes Land hat seine eigene Suppenspezialität, wie in Frankreich die Bouillabaisse, in Russland die Krautsuppe, in Serbien die Bohnensuppe oder in Österreich die Rindsuppe. Schon in der Barockzeit wurde eine klare Rindsuppe serviert, immer mit einer auch für die heutige österreichische Küche typischen Suppeneinlage wie Frittaten, Nudeln, Knödeln oder Strudel.

Für seine besondere Suppenvielfalt wurde der am Beginn des 18. Jahrhunderts für fast drei Jahrzehnte in Diensten der Salzburger Fürsterzbischöfe stehende Koch Conrad Hagger gerühmt, denn er konnte „auf ein ganzes Jahr die Suppe täglich verändern". Den Fleischextrakt, den wir heute auch als Suppenwürfel kennen, hat der deutsche Chemieprofessor Justus Liebig im Jahr 1852 entwickelt. In Europa hungerte zu Mitte des 19. Jahrhunderts ein großer Teil der Bevölkerung, während in Südamerika Fleisch in Massen anfiel, da Rinder und Schafe oft nur ihrer Häute und Felle wegen geschlachtet wurden. Justus von Liebig gelang es durch Einkochen von Fleisch und anschließendem Verdampfen der Brühe, einen Fleischextrakt herzustellen, der alle Nähr- und Geschmackstoffe enthielt. Der Extrakt nahm nur geringen Raum ein, war somit leicht zu transportieren und auch lange haltbar. Durch die Zugabe von heißem Wasser ergab sich wieder eine Suppe. „Liebig's Fleisch-Extrakt" wurde in großen Mengen in Uruguay erzeugt und weltweit verkauft. Damit begann das Zeitalter der Fertiggerichte.

1909 erfand der Schweizer Lebensmittelfabrikant Julius Maggi erstmals Suppenwürfel, die statt Fleischextrakt eine Würze aus Pflanzeneiweiß enthielten. Über die Hälfte aller Suppen, die heute verzehrt werden, sind industriell gefertigt. Die Hitliste der beliebtesten Fertigsuppen führt bei den Produkten aus dem Packerl die Tomatensuppe an, bei den Suppen aus der Dose belegt die Gulaschsuppe den ersten Platz.

Rindsuppe

cirka 1 kg Rindfleisch zum Kochen
2–3 Markknochen
300 g Wurzelwerk (Petersilie, Karotten, Sellerie, Lauch oder Zwiebel)
Salz, Pfeffer, Piment

Das Rindfleisch und die Markknochen mit dem geputzten, in große Stücke geschnittenen Wurzelwerk, Zwiebel, Gewürze und Petersiliengrün in kaltem Wasser ansetzen und langsam zum Kochen bringen. Legt man Wert auf saftiges Fleisch (z.B. Tafelspitz), darf dieses erst ins kochende Wasser gelegt werden. Während des Kochens regelmäßig den Schaum abschöpfen. Nach 2½–3-stündiger Kochzeit wird das Fleisch herausgenommen und die Suppe abgeseiht.

» palatschinken » pfeffer

Fliegen und Wind sollen der Grund sein, warum Tapas erfunden wurden. „Tapa" bedeutet im Spanischen „Deckel". Gemeint war damit jene Scheibe Brot, Wurst oder Käse, die der Wirt dem Gast über das gefüllte Glas legte. So wurde verhindert, dass Fliegen und andere lästige Insekten oder der durch den Wind aufgewirbelte Staub in das Getränk fielen. Das ist ein Brauch, der seinen Ursprung in Andalusien hat und sich von dort über ganz Spanien verbreitete.

Auf die Entwicklung der Tapas-Kultur könnten auch die viele Jahre in Spanien herrschenden Mauren Einfluss gehabt haben, da das Auftischen kleiner Köstlichkeiten als Zeichen der Gastfreundschaft galt.

Tapas waren am Beginn wohl ganz schlicht. Auf einen Glasdeckel wurden vielleicht einige Oliven oder gesalzene Mandeln gelegt. Mit der Zeit wurden die kleinen Gerichte immer fantasievoller und dienten nicht mehr nur dazu, ein Glas abzudecken.

Inzwischen ist die Tapas-Vielfalt überwältigend. Alles, was in kleinen mundgerechten Portionen serviert werden kann, eignet sich als Tapa. Nur Süßspeisen gibt es nicht. Häufig bekommt man etwa in Essig eingelegte Sardinenfilets, faschierte Bällchen in Tomatensoße, maurische Fleischspießchen, Tomaten mit Serrano-Schinken, „Patatas bravas", frittierte Kartoffelwürfel mit scharfer Soße, in Olivenöl gebratene Garnelen oder eingelegte Paprikaschoten aus rotem und gelbem Paprika, also den spanischen Nationalfarben.

Oft werden Tapas mit Zahnstochern, den sogenannten „palillos", gegessen. In vielen Bars werden zur Abrechnung nach dem Essen einfach die Zahnstocher oder die gestapelten Tellerchen gezählt. Die kleinen Appetithäppchen werden zusammen mit einem Glas Sherry, Wein, Cava, Cidre oder spanischer Cerveza, also Bier, genossen. Der bewusste Genuss steht im Vordergrund. Tapas haben eine uralte Tradition und sind mit Sicherheit kein Fastfood.

Getrocknete Tomaten
(1 Portion)

2 große, sehr reife Tomaten
Olivenöl
grobes Meersalz
Pfeffer, Rosmarin, Thymian

Die Tomaten vierteln und entkernen. Auf ein Backblech legen und mit Olivenöl, Salz, Pfeffer und den Kräutern marinieren. Bei cirka 80 °C ins Backrohr schieben und über Nacht darin trocknen.

Tipp: Zur Haltbarmachung einfach in Olivenöl einlegen.

Gegrillte Zucchini
(1 Portion)

1 kleine Zucchini
Salz, Petersilie, Knoblauch, Pfeffer, Olivenöl, Zitronensaft für die Marinade

Die Zucchini in fingerdicke Scheiben schneiden und einsalzen. Aus den restlichen Zutaten die Marinade mischen. Die eingesalzene Zucchini in einer Grillpfanne auf beiden Seiten scharf anbraten.

Die Zucchini in der Marinade einlegen. Mindestens 3 Stunden ziehen und auskühlen lassen.

Für eine schärfere Variante kann der Marinade eine Chilischote beigefügt werden.

» Knoblauch » Olivenöl » Pfeffer

Über die Entdeckung des Teegetränks gibt es eine Legende, wonach dem chinesischen Kaiser Shen Nung im Jahr 2737 v. Chr. beim Wasserkochen einige Teeblätter in den Kessel geweht worden sein sollen. Das Wasser verfärbte sich golden, der Kaiser kostete und fühlte sich nach dem Genuss sehr erfrischt.

Tatsache ist, dass China das Ursprungsland des Tees ist und seine wohltuende Wirkung schon vor 5000 Jahren beschrieben wurde. Tee wurde in China zu einer weit verbreiteten Handelsware. Erst 1610 kam die erste Teelieferung aus Japan mit Handelsschiffen nach Amsterdam. Daher waren die Holländer für ein halbes Jahrhundert die einzigen Importeure, 1669 stiegen die Engländer in das Geschäft ein. Das Monopol für die Tee-Importe hatte bis 1833 die englische „East India Company" inne.

Im Jahr 1662 wurden Teestunden am Hof des englischen Königs eingeführt, womit der Tee auch in Europa gesellschaftsfähig und eines der wichtigsten Handelsgüter wurde.

Auf dem Landweg gelangte Tee mit Karawanen aus der Mongolei über Russland nach Europa. Daher die Bezeichnung „russischer Tee". Der Karawanen-Tee hatte eine bessere Qualität als die auf dem Seeweg in feuchten Schiffsladeräumen transportierte Ware.

Das Wort „Tee" ist vom malaysischen „te" entlehnt, das auf eine gleichlautende Form des chinesischen „tscha" zurückgeht.

Die berühmtesten und besten Teeanbaugebiete der Welt liegen im Hochland zwischen 1500 und 2000 Meter wie in Assam, der Flussebene des Brahmaputra in Nordindien, an den Südhängen des Himalaya in Darjeeling und in Sri Lanka, dem früheren Ceylon. In China wird in allen mittleren und südlichen Provinzen Tee angebaut.

Nur Grüner und Schwarzer Tee sind Tees im engeren Sinn und stammen beide von derselben Teepflanze ab. Doch im Gegensatz zum schwarzen Tee werden beim grünen Tee die Blätter vor dem Trocknen nicht fermentiert, sondern nur mit heißem Dampf behandelt.

Die Österreicher konsumieren jährlich durchschnittlich 82 Liter Kräuter- und Früchtetees und 46 Liter grünen und schwarzen Tee.

Grünteeparfait

- 4 Eier
- 4 Eidotter
- 200 g Zucker
- 750 ml schlagobers
- 4 Beutel Grüntee (8 g)
- 2 Blatt Gelatine

Eier und Eidotter mit dem Zucker verrühren und über einem Wasserbad schlagen, bis die Masse etwa 60 °C erreicht (zur Rose abziehen). Danach auf Eis wieder kaltschlagen.

In der Zwischenzeit das Schlagobers erwärmen und den Tee darin höchstens 5 Minuten ziehen lassen. Das Schlagobers abkühlen lassen und danach aufschlagen. Dann unter die Ei-Zucker-Masse heben und über Nacht einfrieren.

» earl grey tee

Vanille wird aus einer tropischen Orchidee gewonnen, deren ursprüngliche Heimat Mexiko ist. Sie ist die einzige essbare Frucht aus der Familie der Orchideen. Die Azteken betrachteten Vanille als „Nektar der Götter" und verwendeten den süßen Geschmack, um ihrem für kultische Handlungen verwendeten Schokoladengetränk seine Bitterkeit zu nehmen.

Von den spanischen Eroberern wurde die Vanille im 16. Jahrhundert von Mexiko nach Europa gebracht. Die Spanier hatten auch für mehr als drei Jahrhunderte das Vanillemonopol. Erst nachdem man im Jahr 1838 entdeckte, dass die für die Bestäubung wichtigen und nur dort vorkommenden Insekten- und Kolibriarten außerhalb Mexikos durch eine Bestäubung mit der Hand ersetzt werden können, wurde das Monopol der Spanier gebrochen.

So konnte die Vanille von den Franzosen in den heute noch typischen Anbauländern verbreitet werden, zuerst auf der Insel Réunion und dann auf Madagaskar. Die „Bourbon-Vanille" ist eine Vanille mit besonders hoher Qualität. Die Bezeichnung stammt vom früheren Namen der Insel Réunion ab, die nach einem französischen Adelsgeschlecht „Île Bourbon" geheißen hat. Etwa 80 Prozent des Weltbedarfs an Vanille wird derzeit auf Madagaskar produziert. Aus ihrem Ursprungsland Mexiko stammen mittlerweile nur noch 10 Prozent der Vanilleproduktion.

Neben dem weltweit größten Vanille-Abnehmer Coca-Cola verbraucht vor allem die Milchwirtschaft Vanille für Eiscremen und Joghurt. Vanilleeis ist immer noch die beliebteste Speiseeis-Sorte.

Die Azteken nannten die Vanille „Schwarze Blume". Ihre schwarze Farbe und auch ihr unvergleichliches Aroma bekommen die Vanilleschoten aber erst nach einem aufwendigen Aufbereitungsprozess, bei dem durch Trocknen und Erhitzen eine Fermentierung erreicht wird. Natürliche Vanille ist nach Safran das zweitteuerste Gewürz der Welt, weil ihre Produktion äußerst arbeitsintensiv ist. Aufgrund des hohen Preises von echter Vanille wird aber häufig künstliches Vanillinaroma verwendet, das aus Lignin gewonnen wird, einem Bestandteil von Holz und Nebenprodukt der Papierindustrie.

Vanillekipferl

210 g Butter
200 g geschälte, fein geriebene Mandeln
70 g Zucker
200 g Mehl
1 Ei
Staubzucker mit 2 Pkg. Vanillezucker zum Wälzen

Mehl, Zucker und Mandeln vermischen, die kalte Butter darin abbröseln, das Ei hinzugeben und rasch zu einem feinen Mürbteig verkneten. Den Teig in Frischhaltefolie wickeln und mindestens 20 Minuten kalt stellen. Danach daraus Kipferl formen und bei mäßiger Hitze nicht zu dunkel backen (10–12 Minuten). Kurz überkühlen lassen und die noch warmen Kipferl vorsichtig in der Zucker-Vanille-Mischung wälzen. Danach ganz auskühlen lassen.

Der Name des Salats geht auf das New Yorker Hotel „Waldorf-Astoria" zurück, das nach dem aus Deutschland stammenden Johann Jakob Astor benannt ist. Er wurde 1763 in dem kleinen Ort Walldorf in der Nähe von Heidelberg als Sohn eines Metzgers geboren. Mit 16 Jahren ging er zu seinem Bruder nach England, der dort ein Instrumentengeschäft betrieb. Bei ihm lernte er den Instrumentenbau. Schließlich wanderte er nach Amerika aus, wo er mit dem Instrumentenverkauf und vor allem mit dem Handel von Pelzen ein riesiges Vermögen erwarb. Er kaufte viele Häuser und Grundstücke in Manhattan. Johann (John) Jakob Astor starb 1848 als der damals reichste Mann Amerikas.

Einer seiner Urenkel, William Waldorf Astor, errichtete 1893 in Manhattan ein Hotel, benannt nach dem Geburtsort des Stammvaters, das „Waldorf", wobei im Amerikanischen ein „l" verloren ging. Sein Cousin John Jacob Astor IV. eröffnete 1897 daneben das „Astoria Hotel". Die Häuser wurden schließlich zum „Waldorf-Astoria" zusammengeschlossen.

Im neu eröffneten „Waldorf" war ab 1893 Oscar Tschirky als Restaurantchef tätig. Er wurde 1866 in der Schweiz geboren und wanderte 1883 nach New York aus, wo sein aus Deutschland immigrierter Schwiegervater ein Restaurant besaß. Als Chef des Service im „Waldorf" war Oscar Tschirky bei den Gästen beliebt und mit einer Vielzahl von Politikern und Prominenten befreundet. Er machte sich auch als Organisator von Banketten, Empfängen und Festen einen Namen. Wie viel Küchenerfahrung er besaß und wie groß seine Kochkünste waren, ist umstritten. Sicher ist aber, dass er Kochrezepte sammelte. Er hinterließ eine in die Zig-Tausende gehende Sammlung. Oscar Tschirky veröffentlichte 1896 unter dem Titel *Cook Book by Oscar of the Waldorf* ein erfolgreiches Kochbuch, worin auch das Rezept für den Waldorfsalat erstmals zu finden ist. Fraglich bleibt, ob er diese einfache Mischung aus rohen geschnittenen Äpfeln und Sellerie selbst erfunden hat oder ob er die Kreation aus seiner Rezeptsammlung übernahm.

Waldorfsalat

250 g säuerliche Äpfel
250 g Knollensellerie
Saft von ½ Zitrone
50 g Walnüsse, gehackt
250 ml Mayonnaise
Cayennepfeffer
Salz

Die Äpfel und den Sellerie in feine Streifen schneiden und mit dem Zitronensaft vermengen, damit sie nicht braun werden.

Die gehackten Walnüsse und die Mayonnaise untermengen und schließlich mit Cayennepfeffer und Salz abschmecken.

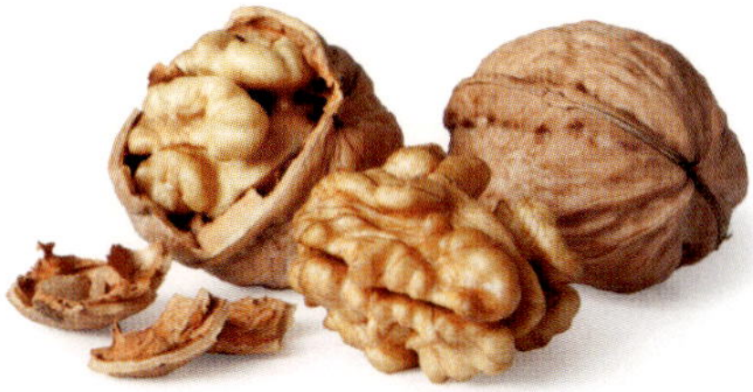

» Mayonnaise

Die Geburtsstunde für die Weißwurst schlug am 22. Februar, dem Faschingssonntag des Jahres 1857. Sepp Moser, Metzger und Wirt der Gaststätte „Zum ewigen Licht“ am Marienplatz in München, hatte wie jeden Sonntag das Kalbsbrät angerichtet, da seine Stammtischgäste nach dem Kirchgang ihre Kalbsbratwürstel zum Frühschoppen haben wollten.

Als das Brät fertig war und Moser mit der Abfüllung beginnen wollte, musste er mit Erschrecken feststellen, dass ihm die für Bratwürste unentbehrlichen Schafsaitlinge ausgegangen waren. Aus der Not heraus musste er das Brät in die vorhandenen, aber viel dickeren Schweinedärme abfüllen. Nur, braten konnte er diese Würste nicht, da sie geplatzt wären. So brühte er die Würste in heißem Wasser. Schließlich servierte er seine neue Kreation mit süßem Senf und einer frischen Brezen. Seine Gäste waren von der neuen Spezialität begeistert. Nach einigen geschmacklichen Veränderungen wurde die Weißwurst sehr beliebt und ist heute untrennbar mit München verbunden. Da das frische Brät bei nicht ausreichender Kühlung dazu neigt, schon nach wenigen Stunden grau zu werden, sollte die Wurst am besten gleich nach der Herstellung verspeist werden. So entstand der Spruch, dass „die Weißwurst das Mittagsläuten nicht mehr hören sollte“. Seit der Erfindung der Kühlgeräte ist aber die Zwölfuhr-Grenze nicht mehr entscheidend.

Das Gebäude, in dem sich das Gasthaus „Zum ewigen Licht“ und die Geburtsstätte der Münchner Weißwurst befanden, fiel im Zweiten Weltkrieg einem Brand zum Opfer. An dieser Stelle gegenüber dem Neuen Rathaus am Marienplatz steht heute ein Geschäftsgebäude, der „Peterhof“.

Münchner Weißwürste kann man eigentlich nur mit süßem Senf, dem sogenannten Weißwurstsenf, essen. Diesen erfand Johann Conrad Develey, der 1845 in München eine Senfmanufaktur gründete. Er mischte erstmals zum Gelb- und Braunsenf auch Essig, karamellisierten Zucker und Gewürze und kochte diese Mischung. Für seine Leistung wurde ihm sogar der Titel „Königlich Bayerischer Hoflieferant“ verliehen.

» senf

Das Wiener Schnitzel gehört zu den berühmtesten Spezialitäten der Wiener Küche, doch stammt es vermutlich aus Oberitalien. Sein Vorläufer ist das „Costoletta alla milanese", das Kalbschnitzel auf Mailänder Art.

Einer Legende zufolge soll Feldmarschall Radetzky, der die Lombardei um die Mitte des 19. Jahrhunderts verwaltete, das Rezept aus Italien mitgebracht haben. Radetzky schätzte dieses Gericht so sehr, dass er es sogar in einem nach Wien gesendeten strategischen Lagebericht erwähnte. Diese Geschichte taucht zum ersten Mal 1971 in einem italienischen Gastronomieführer auf, dürfte aber erfunden sein.

In Wien wurde jedenfalls das Mailänder Original verändert. Man nahm statt der Koteletts Fleisch vom Kalbsschlögel, statt der Weißbrotbrösel Semmelbrösel und streute eine dünne Schicht Mehl als erste Lage auf das Fleisch. Das Mailänder Schnitzel wurde in Olivenöl gebraten, das Wiener Schnitzel hingegen in Schweineschmalz. Die Technik des Panierens mit Semmelbröseln und das schwimmend in Fett Herausbacken war nicht nur in Wien schon lange vor Radetzky bekannt. Bereits Conrad Haggers *Neues Saltzburgisches Koch-Buch* aus dem Jahr 1719 enthält ein Backhuhn-Rezept.

Bemerkenswert ist, dass sich erst etwa 1880 ein echtes Rezept für ein gebackenes Schnitzel findet. Um 1900 wurde die Bezeichnung „Wiener Schnitzel" geläufig. Sehr populär waren die „Schwemm-Schnitzel". Man aß sie meist im Stehen in der Schwemm, dem Schankraum der Gasthäuser für einfache Gäste. Dafür wurde das billigere Schweinefleisch verwendet.

Im Byzanz der oströmischen Kaiser wurden, um den eigenen Reichtum zu zeigen, mit Blattgold überzogene Fleischstücke serviert. Dieser Brauch verbreitete sich bis nach Italien. 1514 wurde in Venedig der Luxus, Speisen zu vergolden, verboten. Die Köche suchten einen geeigneten Ersatz für das Blattgold und fanden ihn in der Panier aus Bröseln und Ei. Auch heute noch muss ein Wiener Schnitzel „goldgelb" sein.

Wiener Schnitzel

4 Schnitzel vom Kalb (wahlweise Schweine- oder Putenfleisch)
1 großes Ei
etwas Schlagobers
Mehl
Brösel
Salz, Pfeffer
Fett zum Backen

Schnitzel klopfen, salzen, pfeffern und panieren. Dazu wendet man die Schnitzel in Mehl, dann in Ei, das man mit etwas Schlagobers verquirlt hat, und zum Abschluss in Bröseln. In heißem Fett herausbacken. Als Beilage serviert man Petersilkartoffeln, grünen Salat, eine Zitronenspalte und Preiselbeermarmelade.

» kartoffeln » pfeffer

Zabaione, die italienische Weinschaumcreme, ist eine Köstlichkeit, die lediglich aus drei einfachen Zutaten, nämlich Eigelb, Zucker und trockenem Weißwein besteht. Im Wasserbad zubreitet, entsteht ein luftiges Dessert. Beim Originalrezept wird der sizilianische Süßwein „Marsala" verwendet.

Die Zabaione soll im 16. Jahrhundert vom Italiener Bartolomeo Scappi, einem der berühmtesten Köche der Renaissance, erfunden worden sein. Er kochte für Kardinäle und insgesamt sechs Päpste. Etwa tausend Rezepte hat Scappi in seinem 1570 in Venedig veröffentlichten Kochbuch *Opera* gesammelt. Er verwendete damals neuartige exotische Lebensmittel aus Amerika und beschrieb in seinem Werk auch Küchenausstattungen und Kochtechniken. Scappi brach mit mittelalterlichen Kochtraditionen und legte einen Grundstein für den weltweit guten Ruf der italienischen Küche.

Von besonderer Größe und Vielfalt war das Gastmahl, das Bartolomeo Scappi, der auch „Maestro Martino" genannt wurde, im Auftrag des Patriarchen von Aquileia Kardinal Grimani für Kaiser Karl V. im Jahr 1536 zubereitete. 13 Gänge wurden aufgetragen.

Eine andere Geschichte aus der kulinarischen Mythologie berichtet, dass der Name dieser Weinschaumcreme auf den im italienischen Piemont beliebten heiligen Pasquale Bayon verweist. Im Jahr 1540 in Spanien geboren, lebte dieser zuerst als Hirte und trat 1564 als Bruder Paschalis in den Orden der Franziskaner in Monforte bei Alicante ein. In diesem Kloster starb er 1592 auch. Paschalis soll für die Kranken ein Stärkungsmittel aus Eiern und Wein geschaffen haben. 1690 wurde er als Schutzpatron der Hirten und Köche heilig gesprochen. Aus „San Pasquale Bayon" wurde im piemontesischen Dialekt „Sanbajun" und von dort war es nur mehr ein kleiner sprachlicher Schritt zum italienischen „Zabaione". Das Fest des Heiligen wird alljährlich am 17. Mai besonders in der piemontesischen Hauptstadt Turin gefeiert.

Weihnachts-Zabaione

4 Eidotter
40 g Zucker
1 TL Vanillezucker
100 ml Amaretto
½ TL Zimt
1 Msp. Nelken
1 Msp. Piment
(die Gewürze nach Geschmack variieren, z.B. Muskat, Kardamom)

Die Eidotter mit Zucker und Vanillezucker in einer Schüssel mit dem Handrührgerät über Dampf dick schaumig schlagen. Den Amaretto in dünnem Strahl einlaufen lassen. Mit den Gewürzen verfeinern und weiterschlagen, bis eine homogene Masse entsteht. Jetzt die Masse auf Eis kalt schlagen. In Dessertschalen füllen und mit Schokoladenflocken garniert servieren.

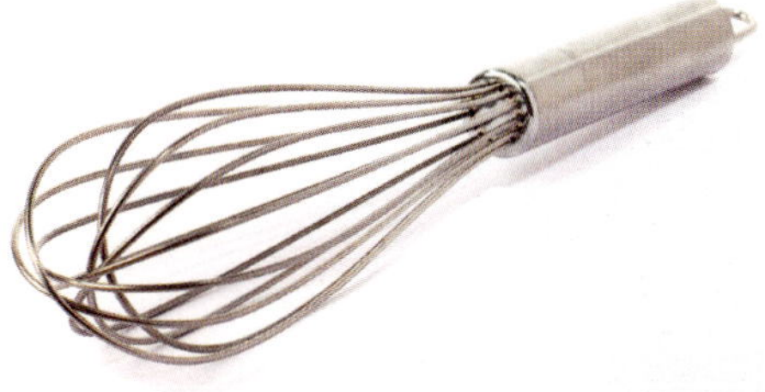

» Muskatnuss » Nelken » Zimt

„Der Herr sprach zu Mose: Nimm dir […] wohlriechenden Zimt […], mach daraus ein heiliges Salböl". Schon im Buch Exodus des Alten Testaments wird der Zimt erwähnt und ist damit eines der ältesten tropischen Gewürze der Welt. Er wurde aber nicht nur für kultische Handlungen und medizinische Zwecke verwendet, sondern auch in der Küche. So rühmt der um 370 v. Chr. geborene griechische Philosoph Theophrastos von Eresos den Zimt als Würzmittel für Wein.

Sofort nachdem die Portugiesen Ceylon, das Ursprungsland des Zimts, 1518 als Kolonie in Besitz genommen hatten, errichteten sie ein Handelsmonopol. Die mächtige „Niederländische Ostindien-Kompanie", die auch den Handel von Muskat und Gewürznelken beherrschte, führte blutige Zimt-Kriege gegen die Portugiesen und löste sie auf Ceylon als Kolonialmacht und Inhaber des Monopols ab. 1796 eroberten die Engländer mit Ceylon auch das Zimt-Monopol, und London wurde Drehscheibe des internationalen Zimthandels. Erst als die Holländer später auf Indonesien Cassia-Zimt-Plantagen anlegten, brach das Zimt-Monopol zusammen.

Man unterscheidet zwischen dem in Sri Lanka heimischen „Ceylon-Zimt" und dem etwas schärfer würzenden, aus China stammenden „Cassia-Zimt". Der qualitativ hochwertigere Ceylonzimt wird meist als Stangenzimt verwendet, der billigere Chinazimt oft als Zimtpulver angeboten.

Von der Rinde des immergrünen Ceylon-Zimtbaums wird nur die dünne Innenschicht zwischen Borke und Mittelrinde benutzt, die sich röhrenartig zum Stangenzimt zusammenrollt, sobald sie vom Holz getrennt wird. Zum Trocknen werden sechs bis zehn Stück der feinen Innenrinde ineinander geschoben. Im Unterschied dazu wird beim Cassia-Zimt nur eine relativ dicke Rindenschicht verwendet, die sich zu einem Röllchen eindreht.

In der westlichen Küche wird Zimt fast nur noch für Süßspeisen und meist weihnachtliche Heißgetränke verwendet. Viele griechische und türkische Gerichte mit Faschiertem oder Schaffleisch und auch die Tomatensuppe werden jedoch kräftig mit Zimt abgeschmeckt. In Asien und Afrika ist der Zimt wesentlicher Bestandteil vieler Gewürzmischungen für Fleischspeisen.

Zimtsterne

130 g Zucker
200 g Mehl
120 g Butter
150 g Haselnüsse
1 Pkg. Vanillezucker
2 Eier
3/4 Pkg. Backpulver
1 EL Zimt
1 Prise Salz
Eiklar zum Bestreichen
50 g geschälte Mandelhälften zum Belegen

Die trockenen Zutaten mischen und die kalte Butter darin abbröseln. Eine Mulde formen, Eier hineinschlagen und alles rasch zu einem Mürbteig verkneten. Den Teig zugedeckt etwa 20 Minuten kühl stellen und rasten lassen. Danach 3 mm dick ausrollen. Sterne ausstechen und auf ein Backblech legen. Mit verquirltem Eiklar bestreichen, je eine Mandelhälfte in die Mitte legen und leicht andrücken. Bei 160–180 °C 8–10 Minuten nicht zu dunkel backen.

» VANILLE

Die Schlacht bei Pavia hatte nicht nur auf die europäische Geschichte einen entscheidenden Einfluss, sondern hinterließ auch in den Küchen eine bleibende Wirkung.
1525 kam es im Rahmen des Ersten französisch-habsburgischen Krieges durch das französische Heer zur Belagerung der lombardischen Stadt Pavia etwa 35 Kilometer südlich von Mailand. Der französische König Franz I. versuchte mit fast 30 000 Söldnern die darin verschanzten kaiserlichen Truppen des Habsburgers Karl V. zur Aufgabe zu zwingen. Als seine Geldmittel für die Söldner erschöpft waren, musste er sich aber den kaiserlichen Truppen aus spanischen und deutschen Landsknechten unter dem Oberbefehl des Marchese di Pescara stellen. Geschickte Truppenführung der Festungs- und Entsatztruppen und der massive Einsatz von Arkebusieren mit ihren Vorderladergewehren führte in dieser Schlacht zu einem klaren Sieg des kaiserlichen Heeres, womit die Herrschaft der Habsburger in Oberitalien gesichert blieb. Mit der Novelle „Die Versuchung des Pescara" hat C.F. Meyer 1887 dem kaiserlichen Feldherrn ein literarisches Denkmal gesetzt.
Die Niederlage war so verheerend, dass König Franz I. gefangen genommen wurde. Dabei soll er seinen häufig zitierten Ausspruch getan haben: „Alles ist verloren, nur nicht die Ehre". Der Gefangene wurde auf ein Gehöft gebracht. Auch wenn er sich in Gefangenschaft befand, musste der König doch versorgt werden. Die Bäuerin kochte eine Suppe und goss sie nach Art der Gegend über geröstetes Brot. Um sie für den königlichen Gast etwas feiner zu machen, schlug sie ein Ei hinein und streute etwas Käse darüber. So ist nach dieser kulinarischen Legende die italienische Brotsuppe, die „Zuppa pavese" entstanden.
König Franz I. wurde zum Kaiser nach Madrid gebracht und musste einen Friedensvertrag unterzeichnen. Als er nach der Gefangenschaft wieder in Frankreich war, ließ er die Suppe unter die Hofspeisen aufnehmen. Dort wurde sie als „Soupe à la pavoise", also „Suppe nach Paveser Art", eingetragen.

Zuppa pavese

1 Liter Rindsuppe oder klare Gemüsesuppe
4 Scheiben Toastbrot
4 Eier
100 g Parmesan, grob gerieben
etwas Butter zum Anrösten
etwas Schnittlauch zum Garnieren

Die Suppe erhitzen. Toastbrot in einer Pfanne mit Butter auf beiden Seiten goldbraun anrösten. Dann je eine Toastscheibe in einen Suppenteller legen und ein Ei daraufschlagen. Dabei den Eidotter nach Möglichkeit nicht beschädigen. Dann die Teller mit der heißen Suppe auffüllen und das Ei mit Parmesan bestreuen. Bei 220 °C cirka 10 Minuten im Backrohr gratinieren und mit Schnittlauch garniert servieren.

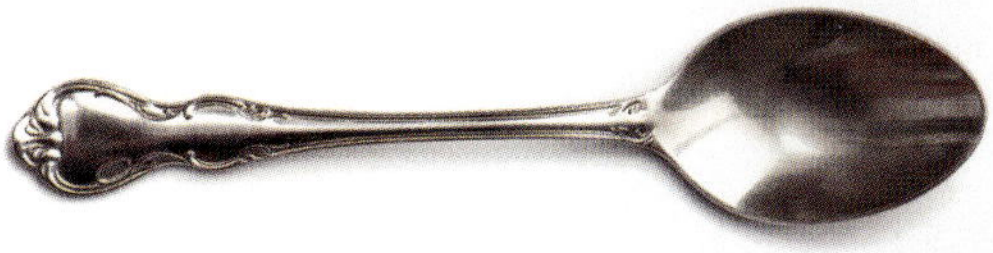

[Rezeptindex]

[weiterführende Literatur]

Bakos, Eva: *Gaumenschmaus und Seelenfutter.* Wilhelm Heyne Verlag, München, 1999.

Bertschi, Hannes u. Reckewitz, Marcus: *Von Absinth bis Zabaione.* Argon Verlag, Berlin, 2002.

Bertschi, Hannes u. Reckewitz, Marcus: *Champagner, Trüffel und Tartar.* Argon Verlag, Berlin, 2004.

Bickel, Walter u. Maus, Paul: *Große Namen – berühmte Speisen.* Hugo Matthaes Verlag, Stuttgart, 1998.

Bichler, Gudrun u. Heraut, Barbara: *Gerichte mit Geschichte.* Edition S Verlag Österreich, Wien, 1994.

Bundesministerium für Gesundheit: *Österreichisches Lebensmittelbuch – Codex Alimentarius Austriacus – IV. Auflage.* Wien, 2011.

Colophon, Venezia: *Olivenöl.* Droemersche Verlagsanstalt, München, 1999.

Dominé, André: *Französische Spezialitäten.* Tandem Verlag, Königswinter, 2004.

Etzelstorfer, Hannes: *Küchenkunst & Tafelkultur – Kulinarische Zeugnisse aus der Österreichischen Nationalbibliothek.* Brandstätter Verlag, Wien, 2006.

Faltner, Max u. Faltner, Gabriele: *An der Tafel des Trimalchio – antike Kochrezepte ausprobiert.* Graphische Werkstätten Kösel, Kempten, 1960.

Foede, Petra: *Wie Bismarck auf den Hering kam.* Verlag Kein & Aber, Zürich, 2009.

Gergely, Anikó: *Ungarische Spezialitäten.* Könemann Verlagsgesellschaft mbH, Köln, 1999.

Grauls, Marcel: *Lord Sandwich und Nellie Melba.* Kabel Verlag, München, 1999.

Habs, Rudolf: *Appetitlexikon.* Insel Verlag, Frankfurt am Main und Leipzig, 1998.

Hagger, Conrad: *Neues Saltzburgisches Koch-Buch 1719.* Wilhelm Heyne Verlag, München, 1979.

Hofmann Irmengard M. u. Heigl OSB, Berthold: *Gesegnete Mahlzeit – Gutes und Gesundes aus der Klosterküche.* Pichler Verlag, Wien – Graz – Klagenfurt, 2010.

Kolmer, Lothar: *Wissens-Bissen.* Mandelbaum Verlag, Wien, 2011.

Kluge, Friedrich: *Etymologisches Wörterbuch der Deutschen Sprache.* Verlag Walter de Gruyter, Berlin, 1999.

Maier-Bruck, Franz: *Das große Sacher Kochbuch.* Schuler Verlagsgesellschaft mbH, Herrsching, 1975.

Maier-Bruck, Franz: *Vom Essen auf dem Lande.* Verlag Kremayr & Scheriau, Wien, 1995.

Metzger, Christine: *Deutsche Spezialitäten.* Tandem Verlag, Königswinter, 2004.

Norman, Jill: *Das große Buch der Gewürze.* AT Verlag Aarau, Stuttgart, 1991.

Piras, Claudia: *Culinaria Italia – italienische Spezialitäten.* Tandem Verlag, Königswinter, 2004.

Pini, Udo: *Das Gourmet Handbuch.* Könemann Verlagsgesellschaft mbH, Köln, 2000.

Pohl, Heiz-Dieter: *Von Apfelstrudel bis Zwetschkenröster.* Verlag Carl Ueberreuter, Wien, 2008.

Schuhbeck, Alfons: *Gerichte mit Geschichte.* Verlag Zabert Sandmann, München, 2005.

Wagner, Christoph: *Das Lexikon der Wiener Küche.* Deuticke Verlag, Wien, 1996.

Wagner, Christoph: *Sternstunden der Kochkunst.* Verlag der Salzburger Druckerei, Salzburg, 1987.

Ziegenbein, Hans u. Eckel, Julius: *Was koche ich heute?* Wehle & Höfels Verlag, Wien, 1932.

JOSEF SCHÖCHL

HR Dr.; geboren 1959 in Salzburg-Parsch als Sohn von Lebensmittelkaufleuten. Studium der Veterinärmedizin in Wien, 1986 Promotion. Amtstierarzt beim Magistrat Salzburg und beim Amt der Salzburger Landesregierung. Intensive Tätigkeit im Bereich tierischer Lebensmittel. Lehrer an Landwirtschaftsschulen und Fachtierarzt für Lebensmittel. 1994 Bestellung zum Landesveterinärdirektor. Verfasser zahlreicher Fachartikel zu veterinärmedizinischen Themen. Seit 2009 Abgeordneter zum Salzburger Landtag.

Abkürzungsverzeichnis

kg .... Kilogramm
g .... Gramm
ml .... Milliliter
cl .... Zentiliter
EL .... Esslöffel
TL .... Teelöffel
Msp. .... Messerspitze
Pkg. .... Packung

Rezeptautoren:

AZ .... Anja Zachhuber
TK .... Tanja Kühnel
SL .... Stefan Loibetsberger
MS .... Martina Schneider
KdB ...... Kochbuch der Bäuerin, Verlag Anton Pustet

Vitus Winkler
DER ESSENMACHER
216 Seiten
22,5 x 22,5 cm, Hardcover
EUR 25,–
ISBN 978-3-7025-0670-4

Inge Waltl
WILD & KÖSTLICH
Feine Gerichte aus der Wildpflanzenküche
168 Seiten
21 x 21 cm, Hardcover
EUR 22,–
ISBN 978-3-7025-0672-8

Elfi Geiblinger
DAS SCHRANNENKOCHBUCH
152 Seiten
21 x 21 cmn Hardcover
EUR 22,00
ISBN 978-3-7025-0625-4

Irmgard Wöhrl
DAS TRAPP-KOCHBUCH
Original-Rezepte der Köchin Johanna Raudaschl
120 Seiten
21 x 21 cm, Hardcover
EUR 22,00
ISBN 978-3-7025-0615-5

Irmgard Wöhrl
THE TRAPP COOKBOOK
Original Recipes from the Family Kitchen
108 Seiten, englisch
21 x 21 cm,
französische Broschur
EUR 19,00
ISBN 978-3-7025-0676-6

Walter Mooslechner
G'SUND UND GUAT
Früchte und Kräuter aus Wald und Flur
160 Seiten
17 x 24 cm, Hardcover
EUR 24,00
ISBN 978-3-7025-0646-9

www.pustet.at